女の答えはピッチにある

女子サッカーが私に教えてくれたこと

キム・ホンビ
小山内園子 訳

白水社

女の答えはピッチにある

——女子サッカーが私に教えてくれたこと

우아하고 호쾌한 여자 추구（UAH-HAGO HO-KWAE-HAN YEO-JA CHOOK-GU）
by 김혼비（Kim Hornby）

Originally published in Korea by Minumsa Publishing Co., Ltd., Seoul in 2018.

Japanese translation edition is published by arrangement with
Kim Hornby c/o Minumsa Publishing Co., Ltd. through K-BOOK Shinkokai.

目次

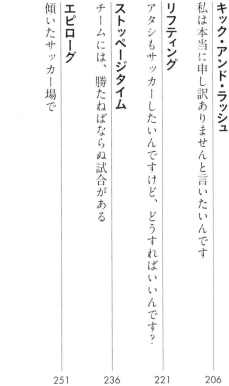

装幀：天野昌樹
装画・本文挿絵：Rodney Moore, RRMWorks

プロローグ

私たちにはなぜ、サッカーをするチャンスがなかったんだろう？

「年をとると好みが変わるっていうのはホントらしいわ。あたし、もともと運動なんて大ッキライだったのにさ」

わがチーム不動のフルバックが不意にもらした一言に、みな我先にと同意を示した。好みが変わったなんてレベルじゃなくて遺伝子が突然変異したんじゃないの、と、根拠のない病理的な疑いまで飛び出す。体育の時間といえば保健室に行くことばかり考えていた人間が、黙っていても汗がタラタラ流れ落ちる八月の炎天下に自分から這い出てきて、あっちこっち駆けずり回ってボールを蹴ってるんだから、そりゃそうかも。「猛暑のため四週間公式練習はお休みです」と通知が入っても、ホッとするどころか「でもお休みで残念っていう人は一緒にサッカーしましょ」とコメントをつける者がおり、そうやって集まったメンバーは、うちのチームが九人に別のチームが一三人だった。その人数は四週間で一人二人減ったり、あるいは一人二人増えたりしながらだいたい平均していた。

　そのメンバーだけではない。サッカーを通じて出会った女子選手には、子供時代まったくの運動嫌いだったと振り返る人が多い。キックベースボールはつまらないし、ドッジボールは怖くて痛いのに、たまに運動するチャンスがあればこの二つのどちらかだったから「ああ、私は運動が嫌いなんだ」と早々に見切りをつけ、小学生からグラウンドに背を向けてきたというパターンがほとんど。サッカーボールなんて蹴ってみたこともなかった。あの頃グラウンドを走り回っていた男子の多くが大人になって早朝サッカーをするようになったとすれば、あの頃グラウンドを去った女子の多くが、サッカーと早期サヨナラをしていたわけだ。

　それなのに、大人になってからたまたま、すごくやりたかったわけでもないしルールもさっぱりという状態でサッカーを始めた女たちがいる。広いピッチの上を息が切れるまで走りまわり、ボールをさばく繊細なテクニックを一つずつ自分のものにし、仲間と息を合わせてボールを追いかけゴールを目指す面白さにどっぷりハマり、「ああ、私、本当は運動が好きだったんだ」と気づかされたのだという。運動に対して長い間抱いていた根深い誤解のひとつが解けただけなのだけれど、彼女たちにとってサッカーを始めてからの時間は、それ以前とはまったく違うものになった。

　同じことは私にも起きた。一人の人間の、その人生のどまんなかに一つの運動が入りこむ。それは想像以上に大きな出来事だった。日々のタイムスケジュールが変わり、手に取る服や靴が変わり、体の姿勢が変わり、心の姿勢が変わり、体と向き合う心の姿勢が変わる。サッカー経験が積まれていくほどに、体と心にある種の感覚が目覚めていくのを感じたし、サッカーが楽しくてしょうがないという気分も味わった。選手同士でこんな話もした。「なんでもっと早くサッカーしてなかったんだろう？」。もうちょっと厳密に言えばこういうことだ。「私たちにはなぜ、子供の頃サッカーするチャンスがなかったんだろうか？」「私たちは本当に、運動が嫌いだったんだろうか？」

これからお話しするのは、そんな疑問に首をかしげ、残念ながら今ごろ出会うことになったピッチ上の世界に惜しみない愛を捧げ、ボールひとつに泣いて笑って闘って、互いが互いの力になっている女たちの物語だ。ひとりの人間が人生初のサッカーに右往左往するサッカー挑戦記に近いのかもしれない。でも私は、サッカーシューズに足を入れ最初の一歩を踏み出した瞬間に気がついた。この道には、同じ思いを抱いている女たちのシューズのスタッド跡も無数に刻まれているのだと。だからこそ心強く、誇らしい。多くの人の胸に、彼女たちが蹴ったボールがゴールしますように。ピッチの上に、いや、広いグラウンドのいろんな場所に、より多くの女たちの物語が刻まれますように。そう祈りながら。

おことわり

この本に登場する人名、地名、チーム名は実在のものとは異なります。

インサイドキック

サッカーってなんでチームスポーツなの？

とりあえず一度、来てみてくださいって

ついに見つけた。女子サッカーチーム会員募集のお知らせ。二年前から暇さえあればインターネットで血眼になって探してきたがなかなか簡単には見つからず、たまたま見つかったとしても、それはサッカーをちゃんと習ったことのない私のような人間はお呼びでなかった。でも今回のは違う。お知らせの片隅で「初心者も歓迎」の文句が私にほほえみかけているのだ。「初心者もまったく問題ありません」「初心者……いえいえ大丈夫……」「初心者だってやる気さえあれば。ぜひ一度来てみて」みたいな文章でも十分ありがたいのに、その上「歓迎」とは。恐縮してしまう。ちょうど応募のしめきりまで残すところあと一日だったことも、私の有頂天に拍車をかけた。スーパーでもタイムセールみたいな手にたやすく引っかかりやすい私のこと、

えいっ、とまず電話してみた。

「いやあ、だいじょうぶです。とりあえず一度、来てみてくださいって。来てください、とりあえず」

受話器の向こうの男性、つまり、後に私が監督と呼ぶことになるその人は、やたらと「とりあえず」来てみたらいいを連発する。お知らせには申し込みから二週間後に合否を連絡とハッキリ書いてあったんだけど。だから「とりあえず」申し込んで、二週間心の準備をする時間をかせごうと思ったのだが。その電話で即合格、数日後の練習に合流しろと言われて、気が動転してしまった。

「はい？　いや、それはちょっと急すぎて……」と及び腰の私の言葉を、彼は「スポーツに急も、急じゃないもありません。あるのは速いか、速くないかだけですよ」と、「ベッドは家具ではありません。科学です」という某ベッドメーカーの有名な宣伝文句みたいな調子で一蹴し、そこからはもう、こちらが何を質問しようが、おたくホントつまんないこと聞きますなあというような高笑いを炸裂させて、とりあえず来てみてを繰り返した。彼の「とりあえず」に私の「とりあえず」は完全に押され、スーパーでもいちど押しの強い店員に迫られるとあっけなく陥落してしまう私のこと（そう、私はまさに近所のスーパーのいいカモなのだ）、はあ、と答え、結局、土曜の練習への参加を約束させられてしまった。今日が月曜だから……なぬっ、五日後？　でも私、ついにサッカーするってことね？　こんな急に？　なにがなんだかよくわかんないけど……いや！　ともかく私はサッカーするんだ！　と、両手を上げてガッツポーズをしそうになったその瞬間、未知の世界に足を踏み出す恐怖ががっしりと私の両腕を抑え込んだ。一週間ずっとそんな調子だった。サッカーシューズとサッカーソックスを買いこんで「ああ、これを履いてとうとう本当にプレーするのね！」とワクワクして家に帰っても、いざタグを外すときになると「まだどうなるかわかんないんだし」と思いはじめ、万が一返品するときのためにつけたままにしておくという調子だ。そんなモヤモヤした気分は練習日が近づくほど悪化し、ついに初練習日前日、天気予報になかった雨がそぼ降る夕暮れに、私は中華料理屋で酢豚と白酒《パイチュウ》を前にして「サッカーって、どうしてチームスポーツなのよ」とサッカーの存在論的問題を問い哲学的想念に耽っていたというか、そんなあたりまえのことをダラダラ愚痴っては悲嘆にくれていた。

あれほどサッカーがしたかったくせに、シューズのタグさえとっとと外すことができない最大の、いや、ほとんど唯一の理由は、「チーム」に参加しなければならないから、だった。私はひどい人見知りで、顔なじみ以外に会うのが人並み外れて苦手、何人かで協力して何かをするというたぐいのことがあまり得意ではない。「団体」と思っただけで頭の中がざわつく気がする。

大学時代の専攻は映画だった。二年生まで演出、撮影、編集、シナリオ、照明、音響と一通り勉強すると短編映画を二本撮り、三年生からは専門分野を選択してより深く学ぶという流れだった。大部分が監督になりたくてその学校に入っているので一〇人中七人が演出専攻希望だったが、私が選んだのは編集だった。基本的に編集というのは魅力的な作業である。カットをどれくらいの長さにするか、どんな順番でどうつなぐかで映画のトーン、さらには内容までが完全に変わる。私は自分の指先で繰り広げられるそんな作業がとてもいとおしかった。が、人でごったがえす撮影現場に行く必要がなく、編集室にこもって自分で作業していればいいという点はそれをはるかにしのいでいた。監督と顔を合わせてのミーティングもあるにはあるが、編集は孤独との闘いと言われるほど一人の時間で占められている。ところが私は孤独と闘ったことがなかった。だって、あんな気楽につきあえるおとなしい子と、なんで闘わなきゃなんないの？

とはいえ社会生活からドロップアウトしてしまったわけではない。必要とあらば共同作業もできるし、初対面の人ともうまくつきあえる。多くの人に社交的だと誤解されるほどにだ。だがそんなときの自分の内面をのぞきこむと、プロジェクトのしめきり二時間前と同じ混乱状態なのである。早く一人になりたーいという願望をぐっと抑え込み、口元まで出かかった願望のかけらをも押しかくし、もともとあった社会性もそもそもなかった社会性もとにかく出血大サービスして常に人に気をつかい、エネルギーをあちこちにシフトしてフル稼働。そんな時間を過ごすとその二倍、ひとりっきりの休息が必要になる。ワン・ソーシャルタイムあたりツー・ひとりタイムなのだ！

それだけではない。スポーツというのは、体と体を向かい合わせ呼吸を合わせる必要のある、非常に密着的な団体行動じゃないか。そういう密着が平気な人たちがどんなタイプか、どんな雰囲気か、そしてどんな心の準備が必要か、イメージできるだけの情報はほとんどなかった。

一つ想像がつくとすれば、他の団体種目の感じから察するに、俗にいう「政治的な正しさ」に多少鈍感な可能性が高いってことぐらい？　実際それは韓国社会での一般的な空気だ。ある集団で効率性と政治的な正しさがぶつかった場合、当然後者が前者に譲るべきで、それが集団をうまく回す方法だと信じる人が多いせいだと思う。そんな人たちが無条件の協力を求めて口にするお決まりのフレーズが「私たちは一つの船に乗り合わせている」「私たちはワンチーム」ってやつだが、今私がしようとしていることはまさにこの「ワンチーム」に入ることなのだ。げんなりしてきた現実の隠喩的認識モデルを、ついに現実そのものにするなんて、果たしていいのだろうか。判断がつかなかった。

私は本当にサッカーがしたかった。でも、人と一緒にするのは恐いし、嫌だった。サッカーって、いったいなんでチームスポーツなのか。一チーム一一人なんて、そんなに集まる必要あるのか。こういう性格のくせに、なんでよりによってサッカーを好きになっちゃうのか。水泳とか卓球、せめてフェンシングとかだったらマシだったろうに。初練習を何時間後かに控えたその晩、酢豚を食べ白酒を飲みながら、私はそんな思いに耽っていたのだった。

箸の使い方が上手ならオッケー、ではない

当日の朝はさらにどうしようもなかった。風邪っぽいのでは？　今日ちょっと空気悪いよね？　と、なんとかして体内に風邪のウイルス、空気中にＰＭ２・５を見つけ出そうとやっき

になったがうまくいかず（見つからなくてもあったことにして行かなきゃいい話なのに、そうもできず）とうとう初登園する幼稚園児のように不安な気持ちで、足取り重くとぼとぼとサッカー場へ向かった。

だが、遠くに青々とした人工芝が広がるサッカー場が見えたとたん、私の心の片隅に立つ照明塔が「ピカッ」と点灯した気がした。目の前がぱあっと開け、気持ちが明るくなった気分。まだどこかでくすぶっていた不安に、ときめきがあっというまに蓋をする。家を出てはじめてフフッと笑いがもれた。芝と、その上に引かれた白いラインを見ただけで反射的に胸が躍る。おまけにそのラインは、サッカー観戦のとき観客席から見つめていた、見つめているしかなかったラインではなく、自分の両足で直接踏みしめるラインなのだ。足をのせてみたいと思った瞬間、はじめてスッと背筋が伸びた。

「キム・ホンビさんでしょ？」

メンバーはめいめい、ストレッチしたりおしゃべりしたりしている。誰になんと声をかけたらいいか迷っていると、一人の男性が近づいてきて親しげに話しかけてきた。「とりあえず、一度、来てみてくださいって」と同じ声。監督だ。「はい、はじめまして」と答えたものの、いよいよ本当のスタートだと思うと、これ以上ないくらい声が震えてしまうのは気にしないでいこう。そこからはもう、震えている暇すらなかった。監督に連れられて円陣を組んだチームのメンバーに自己紹介をし、メンバーも順番に短く自己紹介と歓迎のあいさつをし、みんなで短い掛け声を三回叫ぶと、二列になってピッチの周りのトラックを走ることになった。

私と同じ年恰好のキャプテンがぴったり横につきながら、毎週土曜日は他チームとの練習試合、水曜日はチーム練習であること、今日は土曜だからまず向こうでストレッチ中の女子チームと、そのあとにまだサッカー場に到着していない六十、七十代のおじいさんからなるシニアチームと、順番に練習試合をする予定だとか、チームは総勢二二人だがその日その日で参加者はだいたい一四人から一七人だとか、二二人のなかには元韓国代表も二人いるだとかのタメになる情報をダダダダッと教えてくれた。やだ、ちょっと待って、韓国代表？　胸に国旗つけて、オリンピックとかワールドカップを目指してプレーする、あの人たちのこと？　六周目ともなると息もたえだえで言葉が出ないので「え？　本当に？」と顔で訴えると、キャプテンは、その二人が誰かはプレーを見てればすぐわかるはず、と意味深長な笑いを浮かべた。「そのうちの一人はアタシだよアタシ」というメッセージがひどくハッキリした笑いだったという点で、印象深かった。

ストレッチが終わると、監督が出場メンバー一一人を指名した。私を含む残り四人はサッカー場の隅でインサイドキックの練習をするように指示された。キャプテンがインサイドキックのやり方を即席で説明し、駆け足でピッチに向かう。ここまでのすべてが到着から一五分のあいだで起きたことだった。どこに震えるだの震えないだの言っている暇があるだろう。新入りへの強すぎる関心や期待もなく、会うなり自然に「一五人目のメンバー」としてスッと仲間に加えられ、すぐに体を動かすことになったから気も楽だ。いや、正直言えば少しウキウキしていた。こんなふうに二列に並んでグラウンドを何周もするなんて、高校卒業以来やったことあったっけ？　一五年ぶりに復活した体育の時間だよ！

すぐに試合が始まり、私の人生初のサッカー修行も幕を開けた。インサイドキックとは最も基本的なキックで、足の内側でボールを蹴ることをいう。他のキックにくらべて足がボールに接する面積が広いから覚えやすく、最も精度が高いキックでもある。個人練習にもちょうどいい。サッカー場の金網に向かってインサイドキックをし、ボールが返ってくるとまたインサイドキック。そんなふうにずっと金網相手にボールを行き来させていた。

はじめてボールを蹴ったとき。くるぶしに当たったボールの感触と、ポンという音とともにボールを前に押し出すあの感覚を、私は決して忘れないだろう。サッカーボールを蹴ってるよ。私、いま、サッカーボール蹴ってるんだって！　生涯で一度もサッカーボールを蹴ったことがないわけでもないのに、まるで生まれて初めて蹴ったような気分だった。ボールが足からポン、ポンと離れていく感覚がたまらなくてややセンチになり、この一週間ずっと頭に居座っていた恐れや不安が、ボールと一緒にはるか彼方へ飛んでいくみたいだった。（と、油断するのは早かったことに、その時点ではまだ気がついていなかった）。

そうやって四〇分ほど無我の境地だったが、試合終了を告げるホイッスルで現実に引き戻された。いつシュートを入れられたのだろう、気がつけば最初の試合は１－０で敗れていた。汗みずくでますます不機嫌そうに見えるメンバーを励ますと、監督はすぐさま試合での課題を一つ一つ挙げはじめた。そんな話も面白くて、ワクワクしながら監督の一語一語に懸命に耳を傾けていたのだが、しばらく聞いているうちに妙に気持ちがモヤモヤしてくる。明らかによどみなく、弁舌さわやかな語りっぷりなのに、なんでだろう？　なんていうの？　微妙に話がかみ合っていないような？　それはたとえばこんな感じだった。

「どういうことか、わかりますよね？　ボールさばきがうまくて、ドリブルだけ上手でも、それでオッケーじゃないってことなんですよ。一番大事なのはポジショニングですね。ボールを持ってないときにどう動くか！　パスを出した直後どこに動くか！　そういうことがまさにポジショニングで、これができなくっちゃあ、いくらドリブルがうまくったって意味ありません。いってみれば脚は箸《はし》、ドリブルは箸の使い方、ピッチはお膳なんです、お膳。箸の使い方が上手くったってごはんは食べられないでしょ？　それと同じです」

えっと、これって私がヘンなのかな？　ドリブルが箸使いで、ピッチがお膳で。とすると、このたとえにおける箸使い（ドリブル）だけうまくっても食べられないごはん（ゴール）、そのごはんを食べられるようにする（ゴールを入れる）〈ポジショニング〉に該当するものって、一体なに？　どのおかずをお膳のどこに置くかがポジショニング？　あるいはどこのどんなおかずを箸でつまむのか？　もしや、おかずのどの部分をつまむのかってこと？　でもそういうのって、ごはんを食べるときの箸の使い方より大事なことじゃないよね。だったらそれより大事なポジショニングってなんだろう？　あ〜、このヘンな例えが妙に気になる。脚と箸、ピッチとお膳ってのは、単に形が似てるだけじゃん。箸の使い方が下手でもちゃんとごはんを食べられるって話は聞いたことがあっても、箸使いがうまくても意味がないってのは多少乱暴な気が……そうやって混乱しているさなか、突然監督が私の名を口にした。

「キム・ホンビさん！」

根拠のない〈お箸論〉をいぶかしむ気配が見抜かれたかと焦り、私の口からは必要以上に勇ましい返事が飛び出していた。

「ハイッ！」

「次の試合は、ホンビさんも出てください」

「はい？」

いきなり、初出場

「ウンギョンさんから試合用のビブスをもらって。ウンギョンさんのポジションに入ってくればいいですよ！」

へ？　試合ですか？　まだ入団して一時間一〇分で？　インサイドキック以外、教えてもらってないのに？　サッカーの試合はよく見ているし、ルールやポジションについて知ってることは知ってるけれど、でも監督、私が知ってるかどうか、確かめてないですよね？　もし私がサッカーのことを、手でボールを投げてゴールポストにぶち込むスポーツだと思ってたらどうするんですか？　だが誰も異議を唱えず、すでに試合用の蛍光色のビブスが差し出されていた。受け取って一瞬ためらい立ちつくすあいだも一〇人の選手、いや一〇組の箸は粛々とお膳に向かって進んでいた。

こうしてサッカー歴四〇分、主な得意技は金網との正確なパスプレーというキム・ホンビの輝かしいデビュー戦が始まった。依然呆然としたままの状態で前へ進もうとすると、監督が「ホンビさんは6番のじいさんだけ徹底的にマークしてくれればいいですから。そっちにボールが行かないようにね」と、ようやくすべきことを教えてくれた。そうか、そのくらいならどうにかなるかな？　少しホッとしてターゲットを探しキョロキョロしていると、本日のターゲット、6番じいさんが自分から先に近づいてきて、私に声をかけた。

「見ねえ顔だな。新人か？」

　ある程度予想していたことではあるが、四〇分のサッカー歴から察するに、どうやらここは初対面でも年齢確認終了後、即パンマル*を使われる世界らしかった。さらには「しかし、お前さん、色は白いわガリガリだわ、運動なんかできんのか？」と、ルックスの品定めまでもが平気で投げつけられる場所であった。〝相手にパンマル使用許可を求めるときのダメな言い方ベストワン〟に「パンマルでいいよね？」を挙げている（この言い方は、許可をとっていると見せかけて実は宣言に近く、しかも返事を聞く前から勝手にパンマルになってしまっている点で複合的にけしからん）私の平和な世界ははるか彼方、ここは、わずか一パーセントの遠慮会釈も無用のタフな世界だと思うと妙に腹が座り、「実際にプレーするとこ見たら、きっと驚きますよ」と迎撃する余裕まで生まれた。が、もちろんそれで終わるはずがなかった。

　試合が始まるなり6番じいさんは心底憎しみをたぎらせ、一時間に四回くらい怒り狂った。はじめのうちは私がしっかりマークしようとすると「俺の近くにいたら大ケガするぜ。あとでお前さんが泣かないように、せいぜいお手柔らかにな」とニコニコ恫喝《どうかつ》していた。ところが、ずっとびっちり張りついて一度もパスをとれないようにしていると、とうとうこの日最初の癇《かん》癪《しゃく》を爆発させた。

「おい！　こっちは二時間サッカーするために、はるばるアンナム市から一時間五〇分もガタガタ揺られて来てんだよ！　お前のせいで一度もボール取れないで、また一時間五〇分かけて帰れっつうのか？　あん？」

一理あった。往復四時間を費やして一度もボールを蹴れずに帰るというのは、本人にも気の毒だと思うし社会経済学的にも問題だろう。だが新入りメンバーにもメンツというものがあるのである。

「おい！　向こうの8番が見えねえのか？　向こうでアイツをマークしろよ。俺をマークしてるからアイツがガラ空きで、全部チャンス作られちまってんじゃねえか！　急いでアイツのことをマークしろって！」

やはり一理あった。さっきから8番じいさんはひょいひょい走り回っており、もっと言えば私が守備可能の範囲でもあった。だが監督の指示なしに勝手に動くことはできないのである。

「おい！　8番マークしないでなんで俺のことばっかりマークしてんだよ？　アイツより俺のほうがチョロいと思ってんのか？　バカにしてんのか？」

＊　親しい間柄で許されるぞんざいな言葉づかい。

6番じいさんの怒りは、地理的事情への配慮を要求→他の選手も道連れ作戦→勝手にこちらを加害者呼ばわり、の順に変化していったが、どれもこれも受け入れられないとわかると「お前、そんなサッカーしてたら、いまに片足へし折られることになるぞ」という呪いの言葉になった。うわわ、それはちょっとひどいんじゃないの？　生まれてこのかた、こんな短時間で、初対面の相手に、パンマルで、ルックスをどうこう言われたあげく激しい悪態までつかれたことはなかったために、私はすっかりガックリきてしまった。こういうのがすべてこのタフな世界の掟とはいえ（私がここで何年か持ちこたえた暁には覚えてなさいよ、一から掟を変えてやるっ！）、ついさっきサッカーを始めたばかりのフレッシュな新人に向かって、よりによってケガさせてやると呪いをかけるのは、それはちょっとひどいじゃありませんか！

あー。私も何かものすごい言葉を返して、じいさんの鼻っ柱をへし折ってやりたい。でもなんて？「ずっとそうやって口でばっかりサッカーしてるから、新人の私なんかにマークされるんじゃないですか」。ひいっ、これはちょっと言いすぎだよね。いままで七十代のご老人に、そんな強烈な言葉を口にしたことがない。だが、足を片方へし折ってやるという呪いをかけられたことだって、やっぱりないはずなのだ。どぎつい言葉をお見舞いしてやるだけの理由は十分あると思うのだが、自分の中に根づいた政治的な正しさへの強迫観念、そして、自分のなかに今も無意味に生きつづけている韓国の伝統的儒教少女が私を押しとどめた。あれこれ考えているあいだも6番じいさんへのパスを一度カットしていたから、再び小言の嵐に襲われるはずだ。あーん、もう知らないよお。

まさにそのとき、いにしえの役に立たない儒教少女をパッとどかして、キャプテンが登場した。キャプテンの大声が、ピッチの上にりんりんと響きわたった。

私の中の儒教少女と一枚のパンティ

「おとーさんっ！」（シニアチームのじいさんたちは、ここでは「おとうさん」と呼ばれている。おじいさんたちは女子チームの選手を「むすめ」って呼んでるし。あーあ……いやはや、ルールからスッパリ変えなくちゃね……）

「さっきからみっともない、なんで新人相手にずっとからんでるんすか？　おとーさんがヘタなんでしょ。ったぐさあ、そうやって、ミジメに老後生きてくのかよ」

私の中の儒教少女が、驚きのあまり目を見開いていた。そうやってミジメな老後生きてく「のかよ」って。キャプテンの物言いに6番じいさんは、「いや、俺はただ……」と聞き取れない言葉をもごもごつぶやき、それからは試合が終わるまで、本当にただの一言も口にしなかった。おおお……ああいう言い方、していいんだ。っていうか、言ったからこんなに効果テキメンなんだ。やっぱりサッカー、タフな世界。私の行く道は本当に、果てしなく遠い。

シニアチームとの試合は1－0で勝利をおさめ、私は6番じいさんをうまくマークしてデビュー戦をつつがなく終えた。知らないうちにガチガチに緊張していたらしく、ベンチに戻る足がもつれ、ちょっとふらついた。

インサイドキックからミジメな老後まで、さまざまなことを思い返しながらサッカーシューズを脱いでいると、向こうからスーツ姿の男性がやってくるのが見えた。そういえば、さっきウンギョンさんとかいう人のダンナさんが、カギだか何だかをもらいに来るらしいという話を聞いた気がする。男性はチームのメンバーとは初対面だったらしく、監督や選手たちに「お噂はかねがね」「うちのウンギョンをよろしくお願いします」みたいな、言っても言わなくてもいいけど言われなきゃ言われないで居心地の悪い言葉をいくつか口にして、早々に去っていった。去ってから数秒間、奇妙な沈黙が流れた。そしてなぜかその沈黙の意味がわかる気がして、私はまた少しずつ落ち着かなくなっていった。

「なーに、このヘンな空気は？　あっ、私がうちの人にもったいなさすぎて驚いたんでしょ？　ククッ。平気よお。みんなそうだから。こういうリアクションには慣れっこよ」

むしろ当事者から口火を切ってくれたので、ようやくみんな心置きなく爆笑できた。そう。ルックスだけ見れば美人といえる先輩とはやや対照的だった。しかしですよ、しかし、ルックスについてこんなにオープンに話していいもんだろうか？　あと、これで終わらない不吉な予感がするのはなぜ？　頭の中で小さな警報が鳴りはじめる。ああ、ドキドキする。やばい空気だぞ。一番大声で笑っていたチーム最年長というジュボク先輩が、ウンギョン先輩の背中をパシンと引っぱたいて言った。

「だからってさあ！　ウンギョン、あんたスラッとしててかわいくて、若い頃はさぞやモテたでしょう。でしょ？　モテモテでしょ？　まったく、それがなんでまたよりによって、あの男の前でパンティ脱いじゃったのさ!」

サッカーって、いったいなぜチームスポーツなのでしょう。ここはどこ? 私は誰? いま耳にしたことって一体なに? 遠のきかける意識をかきわけて、ウンギョン先輩の答えが聞こえてきた。

「違うって、先輩。私は脱いでないの。アイツが脱がせたのよ!」

うわー! みんなが悲鳴を上げ、ひっくり返りそうなほどお腹をよじって笑い転げる。そんななか、私のなかの儒教少女は悲鳴を上げて意識を失い、容量オーバーになってしまった私の神経はプツンと音を立てて切れた。こらえきれずに結局ふきだしながら、心のなかでは一粒の涙を落とす。もし私が「こりゃすごい! こういう感じになれるならもろもろのことはさておき、行けるとこまで行ってみよう!」と継続を決心すれば、それはこのパンティのせい。頭を左右に振りながらここで即刻失礼しても、それはそれでこのパンティのせいという、わけのわからない状態。いったいなぜ、今日初対面の女のパンティなんかに自分のサッカー人生を左右されてるんだか。ああ、私これから、ここでうまくやっていけるのかなあ。家に一つだけ残っているサッカーソックスのタグは、外すべきかどうか。ところでポジショニングって、本当に何だったんだろう。

ステップオーバー
どんな女がサッカーをするか

サッカーと女のあいだ、ひたすら遠く

「いっしょにサッカーしてる人たちってどう？　何してる人？」

サッカーを始めて周りから一番よく聞かれる質問だ。何度か聞かれるうちに、次第にその陰には「一緒にサッカーしてる女って変わり者でしょ？　怖いんでしょ？　性格キツいんでしょ？」「いったいどうして女のくせにサッカーしてるわけ？」という意味が潜んでいることがわかった。字面で見ればなかなか否定的なニュアンスだが（実際、そういう面がまったくないとは言えないが）、それよりは少しおもしろがっているのに近い気がする。〝女が趣味でサッカーをする話〟は、かの有名な〝男が軍隊でサッカーをする話〟*といくつかの点で正反対っぽいし、めったにいないという点では余計にそう。韓国でサッカーというスポーツがどれほど女性と距離があるかを考えれば、当然のことなのだ。

特にサッカーは子供の頃から男子だけのスポーツだった。一緒に陣地取りゲームや鬼ごっこをしていたはずの幼なじみが、気がつけば男子だけで集まってサッカーをするようになる。小学校の体育の時間だってそうだ。ボール遊びの時間になると、先生はきまって男子にはサッカー、女子にはキックベースボールやドッジボールをさせた。

キックベースボールやドッジボールって。考えれば考えるほど本当に中途半端な運動じゃないだろうか。単にオリンピックの公式種目にないスポーツだからというだけでなく、ゲームのやり方やルールもだ。サッカーが囲碁ならキックベースボールは五目並べのレベル、ドッジボールにいたってはおはじきレベル？　ボールでなされる出来事があまたあるなかで、投げて、人にぶつけて、退場させるって。はじいて、当てて、とるというおはじきの精神とどこが違うのだろう。

ゲームの仕組みがドッジボールより緻密なため五目並べと肩を並べているものの、キックベースボール《足野球》はもっと微妙だと思う。生まれからして野球とサッカーを八対二ぐらいで異種交配した感じだが、その何十年か後に韓国のネット用語で「足」という否定的な接頭語が生まれてからは（その代表例に「足演技《下手な演技》」がある）、新たな意味まで加わってしまった。野球ファンが成績のボロボロなチームや選手をバカにして「足で野球をしている」と評したことか

＊韓国では、女性が男性から聞かされてウンザリする話ベストスリーとして、三位「サッカーの話」、二位「軍隊の話」、一位「軍隊でサッカーする話」が挙げられることが多い。

ら、「足野球」という言葉ができたのだ。この言葉はサッカーファンも口にする。選手がゴール前のシュートチャンスでボールをやたらに高くふかしてしまったときなんかに「ゴール前でホームランでも飛ばすつもりか」とからかう文句としてよく使われる。私が体育でキックベースボールを楽しんでいた頃は（いろいろ言ってはいるがキックベースボールもドッジボールもすごく好きだった）、この単語がそういうかたちで使われることになるとは思ってもいなかったし、このところいろんな言葉が悪口として使われるのを見ると少し気の毒になったりもする。まるで、たまたま「李明博《イ・ミョンバク》」と名付けられ、途中までは順調で悪くない人生を送ってきた人が、時代が変わって突然罵倒されつつ暮らすようになるのと似た運命、というか。

中学や高校に上がってからも同じだった。女子の実技試験の種目にバレーボール、ハンドボール、バスケットボールなんかのサーブやスリーポイント・シュートはあったが、サッカーは選択肢になかった（最近はどうかわかりませんが）。たまたまするチャンスがあっても、男子のなかでハンデ扱いされるか、ゆるいルールにされるかで、一一人がフォーメーションを組み、オフサイドのルールまで厳密に適用するきちんとしたサッカーをしたことのある女子はほとんどいないはずだ。

大人になってからも同じ。サッカーよりずっと簡単に始められ、教われるスポーツが周囲にはたくさんある。何年か前から流行中のピラティス、ヨガ、バレエ、クロスフィットあたりは、どこか「ヒップ」な要素を兼ね備えつつ、体形を整え必要な筋肉をつけることを最適化したものだ。もう少しクラシックならテニスやゴルフといったハイクラスなイメージのものも。ウエアもオシャレだし、ラケットやクラブを手にスイングするという動きも優雅だし、ピエール・ブルデュー*が「社会的地位を高めるのには有用な手段」とまで言ったスポーツなのだ。タフなものなら格闘技やキックボクシングあたりか。強度の高いスポーツでハードに鍛えたい女性に人気で、かなりのニーズがある。

そんななかでサッカーは……微妙、である。まず、サッカーという運動が体にもたらすメリットからしてハッキリしない。一生懸命走りまわってれば運動にもなるしダイエットにもなるという漠然とした考えでは、前に挙げた他のスポーツに後れを取るだろう。むしろサッカーをやっていると、現代社会が女性の身体に強要している美の基準とかなりかけ離れた結果になるのだ。ずっとやっていればふくらはぎに筋肉がつき、すらりとした脚に筋肉の塊ができる。二、三時間は平気で強い日光を浴びるから、お肌にもよろしくない。

じゃあタフなイメージのほうにポイントが高いかというと、それはそれで格闘技やキックボクシングなんかに軍配が上がる。異種格闘技と聞けばカリスマあふれる強靭なイメージが強いが、サッカーで思い浮かぶのは荒っぽい押しの強さだけ。そもそも韓国の場合、サッカーにはなぜか「オヤジくささ」的なものが染みついているのだ。週末の朝、近所の食堂でときどき見かける早朝サッカー会のおじさま方の汗まみれの姿（食堂を出る頃にはそれに酒まみれも加わる）と、観客の大多数をおじさんが占めてきた国内サッカーの観戦文化が積もり積もってでき

＊　フランスの社会学者・哲学者。スポーツ、音楽など生活上の好みに見られる階級化のメカニズムを実証した。

あがったイメージだと思う。そこに、どこか雑で野暮ったいプロサッカーのマーケティング手法が輪をかける。ここ数年若い層や女性ファンが大挙して押し寄せたせいでかなり洗練されてはきたけれど、すでにしみついてしまったイメージはそう簡単には崩れないものだ（九〇年代まで同じ雰囲気だった野球が徐々にイメージチェンジに成功し、二〇〇八年の北京オリンピックを境に完全に変貌を遂げたのとは対照的である）。おまけに、格闘技だったら護身用のスキルにもなるだろうが、サッカーは日常で活用可能な場面がほぼない。あったとすれば、道に転がった牛乳パックとかゴミをササササッとゴミ箱まで蹴って運ぶとか？　それが地域の環境美化にどこまで貢献できるかはかなり疑問だが。

そんなふうに、運動効果や対外的なイメージ、日常への活用度とどれをとっても中途半端なうえに、決定的なのはサッカーがものすごくとっつきづらいスポーツであることだ。他のようにあちこちで習えて情報も飛び交っているというわけではなく、あれやこれやのルートで必死に検索して、やっと見つかるのは一つか二つ。そういうすべてが鉄壁の守備を敷き、女性がグラウンドへ進入することを何重にも阻む。サッカーに入門するまでのプロセス自体が、すでに一つのサッカーというわけだ。

それでも、世間にはサッカーをしている女たちがいる。そんな鉄の守備を突破してサッカーを選んだ女たち、特に、大人になってはじめてサッカーをした女たちの特別なきっかけが、私はいつも知りたかった。いったい何が彼女たちをこのガサツで、さして役にも立たず、アクセスするのさえ難しいスポーツへと向かわせたんだろう。

体育少女、〝ロナウド〟と〝生の試合〟に出会う

「そういうあんたは？　あんたはどうして始めたの？」ともし聞かれたら、中学、高校時代までもう一度時計を巻き戻さなければならない。友だちのほとんどが文学少女として一つの季節を送っていた頃、私は体育少女としてグラウンドを守っていた。暇さえあれば教室を飛び出してバスケットボールをやり、バレーボールをやった。昼休み終了のチャイムが聞こえると、汗まみれのほてった顔で水道まで走り、流れ出る水の下に頭を突っ込んで何秒間かシャワーするみたいに顔を洗い、水をポタポタしたたらせながら教室に戻って制服に着替え五時間目に突入、という毎日だった。おかげで午後の授業はものすごく眠かった。午前と午後でまるで様子が違うせいか、韓国史の先生は私のことを、ＡＭのキム・ホンビ、ＰＭのキム・ホンビと区別して呼んでいた。

それほど好きだったし素質もあったから、スポーツはいつも私の味方だった。家庭科の実技で容赦なく削られた内申点を（家庭科の先生はよく私の運針した布を他のクラスに持っていき、「絶対にこうなってはダメ」の見本として見せていた）補ってくれたのは、いつも体育の実技だ。大学のオリエンテーションで女子どうしの学科対抗ドッジボール大会に出たときは（そう。やっぱりこのときも、男子はサッカー、女子はドッジボールだった！）ＭＶＰに選ばれた。その後、対戦した他学科の生徒と校内の売店でたまたま会うと「私、あのときキム・ホンビさん

のボールが肩にあたってアウトになったんです。ホント痛かったけどカッコよかったですよ」「キム・ホンビさんの回転がついた球が当たったらアウトだ、と思ってたらそのままラインを踏んでアウトになった者です。まさにドッジボールの神でした」みたいな言葉とともに缶ジュースをプレゼントされたりもした。そんな私が一番観戦を楽しんでいたスポーツが、サッカーだった。

小さい頃は同年代の子供たちと同じく野球のほうが好きだった。だが、大宇《デウ》ロイヤルズ[1]ファンの父の肩越しにサッカーを見るうち、ひたひたとその魅力にハマっていき、数年後には、「人生の大半をサッカー観戦に費やしたって惜しくはない！」と本格的にのめりこんでいた。私を虜にした瞬間。それは、既に引退したブラジルサッカーの「怪物」、ロナウドの「ステップオーバー」だった。

ステップオーバーは韓国ではよく「無駄足つき」と呼ばれる。ディフェンダーを欺くフェイント技の一つだ。ある方向へ、まるでボールを操っているかのように足を動かすが、実際はまったくボールに触れていない。ムダに足を使うところから「無駄足つき」の名前がついた。ステップオーバーは両足で交互にまたぎを繰り出しながら進むドリブルで、ディフェンダーを撹乱するテクニックである。そう。イ・ヨンピョ[2]の得意なやつ、あれがステップオーバーだ。

私はある日偶然、ロナウドがステップオーバーをしているシーンを目撃し、衝撃を受けた。普通なら無駄足では結構スピードが落ちるのに、そんな気配はみじんもなく、ぐんぐんディフェンダーをかわしていく。やだ、こんなことって可能？　物理学的にありうる？　最後はゴールキーパーまでもステップオーバーで制してゴールを決めたのだが、それはもう、サッカーってこれほどまでに美しいものかと言葉を失うほどだった。優雅な無駄足と、ゴールネットに吸い込まれるシュートの軌道と、観衆の顔にありありと浮かぶ感動の気配。ものすごい数の観衆が一斉に歓声を上げ、その瞬間、世界が息を止めたかのようだった。あのときから私は本格的にサッカーにハマり、しばらくはロナウドを追って海外サッカーの世界をさすらっていた（ほとんどが深夜の中継だったから、しばらくはAMのキム・ホンビが大活躍だった）。

ロナウドの引退後、サッカーを見ない時期が続いた。運動を見ることもすることもない、人生最長のスポーツ空白期だったが、そこにふたたびサッカーボールをポーンと蹴りこんできたのが、ベテランKリーグサポーターの恋人（現・夫）だ。彼につきあってはじめてサッカー場に行き「生の試合」に魅了されると、その日からKリーグファンになって、暇さえあればサッカー場に足を運んだ。イギリスの小説家J・B・プリーストリーの描写みたいに、競技場のゲートが「はるかに恍惚とする別の人生を約束してくれる場所」に見えるほどではなかったが、明らかに実物は別世界だった。テレビ画面やモニターで中継カメラの視線を拝借するのではない、自分の五感で直接体験するサッカーは、心のみならず体の奥底にも刻まれる感じがした。そしてある日突然、体の奥底で流れ続けるこのサッカーのリズムに、じかに身を委ねてみたいという強い衝動がこみ上げてきた。好きな選手たちがピッチの上でしていることを、自分も

＊1　現・釜山アイパーク。釜山広域市がホームタウンのプロサッカークラブ。
＊2　ドリブルでの突破に優れた元韓国代表のサッカー選手。

やってみたい！　そのときからだ。インターネット上を漂い、女子サッカーチームの情報を探し始めたのは。体育少女が熱血サッカーファンになったとき、それにつづくコースが必ずしも女子サッカーチームの選手ってわけでもないだろうけど。

些細なことといえばそうなのだが、もう一つ、サッカーチームに興味を持った理由がある。サッカーチームに入ればサッカーファン、特にKリーグファンとたくさん会えるのではないかと内心期待していたのだ。周囲に海外サッカーや韓国代表の試合を見る人はそれなりにいてもKリーグファンとなるとまるでいないように思われたから（まったく、スタジアムを埋めつくしていた数千人のKリーグファンは、サッカー場を出るといきなり空に蒸発しちゃうのか！いったいみなさんどこへ？：）、Kリーグを深く愛する女性ファンと出会いたかった。サッカーをしてしまうぐらいサッカーを愛する者たちが集まる場所。Kリーグの話題を振っても話が通じ、ロナウドのステップオーバーがどれほど美しく感動的かを知っていて、それぞれの心の中に、ロナウドのステップオーバー的な一瞬が一つくらいは大切に仕舞いこまれている、そんな人々の集う場所。それが、私が漠然と抱いていたサッカーチームのイメージだった。

女子サッカーチーム運営のヒミツ

サッカーを始めて一番驚いたのは、思ったよりたくさんの女たちが全国あちこちで結構サッカーをしているということだ。こんなに多くの女たちがこんなにも一生懸命サッカーをしているのに、どうして今まで男の早朝サッカーの選手ばかりが目についたのか、不思議になるくらいだった。

次に驚いたのが、試合をきっかけに出会ったたくさんの選手のなかに実際のサッカーファンがほとんどいなかったことだ。ワールドカップやオリンピックといったナショナルチームのサッカーだろうが、海外サッカーだろうが、さほど関心はない。だからもちろんKリーグファンはもっといない。「いとこのおにいちゃんがたしか江原《カンウォン》FCのファンだったような」という、よそのチームの副キャプテンのアバウトな返事が、それでもまだ精いっぱいこちら寄りの回答だった（本当に、いったいみなさんどこへ？）。たまにWKリーグ（韓国女子プロサッカーリーグ）を見にいく人がいても、学生時代やプロチームでのチームメイトが今も現役だから応援に行っているだけのことで、サッカーそのものを楽しむために出かけているわけではない。ロナウドのステップオーバーなんて眼中にもない。「ステップオーバー？　なんでわざわざそんなヤンキーみたいな呼び方すんのさ？　ただの無駄足つきでしょ。覚えなくていいよ、そんな技。どうせあたしらには必要ないんだから」という返事が、それでも一番こちら寄りのリアクションだった。誰も、他人がするサッカーに強い関心を見せることはなかった。たまに参考にしようとプロ選手が特定の状況でどうディフェンスラインを作るか、トラップの姿勢はどうかを確かめる程度だった。

でもじゃあ、サッカーもあんまり見ないしさして関心もないのに、いったいなんでやることにしたんですか？　私はなんだか裏切られたような、ロマンを粉々にされたような気分になってわなわなしながらそう質問するしかなく、しかも返ってきた答えはいっそうガックリくるものだった。

A先輩はスポーツクラブに通っていた。そこで顔みしりになったおじいさんからいきなり声をかけられた。ときどき練習試合の相手をしている女子サッカーチームが人手不足なんじゃ、これまであんたが運動しているのをずっと見てきたが、並みの体力と運動神経ではなさそうじゃ。そんなわけで、一度行ってサッカーをしてみないかという話だった。おじいさんは監督の電話番号を伝え、A先輩ももともと体を動かすことが好きだし上手だったから面白そうと連絡を入れ、行った初日にたまたま練習試合に出場して即入団決定。サッカー歴八年になる。

B先輩は、A先輩が路上スカウトみたいにおじいさんに声をかけられていたときすぐ横にいた人で、「あんたは騙されやすくて変な団体に巻き込まれる危険が高いから、あたしが一緒についていってってあげるよ」とA先輩に同行、たまたま一緒に試合に出て一緒に入団し、同じくサッカー歴八年だ。

C先輩は息子をサッカー教室に送り迎えしていて、息子のチームの監督を務めていた現監督と知り合った。当時監督は保護者たちに「私、大人の女子サッカーの監督もしてるんで、一度やりにきてくださいよ」と勧誘しまくっており、みんなが遠回しに断るなか、一人断りきれずに本当に見学に行った。見学したその日に即入団を提案され、それも断れなかった（先輩は断るのが苦手で結婚までした人である）。サッカーを始めて五年たつ。

D先輩はC先輩と同じ子供のサッカー教室の保護者で、当初C先輩が本当に見学に行き入団までしたという事実をせせら笑っていたが、次第にC先輩と監督が親しくなっていくのがうらやましくなって入団、サッカー歴四年になる。E先輩は二十二年のつきあいのC先輩に誘われてチーム入り。やっぱりサッカー歴四年だ。

Fはダイエット中、下半身だけ痩せないことに悩んでいるときに、誰かから「サッカーをすれば下半身の肉が落ちる」というガセネタをつかまされ、その日のうちに恋人にせがんでサッカーを習いはじめた。やがて夢中になりサッカーチームを探して入団。下半身から肉が落ちることはなかったが（恋人は彼女の人生から脱落した）、サッカーをはじめて七年になる。

GはFの高校の同級生で、何人以上絶対参加と決まっている全国大会の開会式にメンバーがいっぺんに欠席という事件が発生した日、各自友達を一人ずつ連れてきて頭数だけ埋めてくれという監督の頼みにFが声をかけた。ぼけーっと開会式に出たあとなんとなく入団してサッカー歴は四年。Hは現在個人的な事情で参加できていないある先輩から同じ日に同じ理由で連れてこられ、やはりサッカー歴四年、サッカー歴三年のIはHの友達で、サッカー歴二年のJ先輩はIの知人だ。ゼェーゼェー。

彼女たちのサッカーとのつながり方

プロ出身やアマチュアリーグで十年以上サッカーをしたという選手を除くと、だいたいがこんな感じだった。おまけに、A先輩のようにもともと優れた運動神経の持ち主だとか、なんやかんやで長いあいだ体を動かしてきたという人は半分にも満たない。それどころか、入団するまでサッカーのルールは何一つ知らなかったという人が大半なのだ。

えーっと、みなさん、何十年もサッカー狂だったのがある日突然胸の奥から熱いものがこみ上げ、サッカーをしなきゃという情熱に包まれたとか、人生が虚しくつらかったある日、道を歩いていたらどこからともなくサッカーボールが転がってきて、何気なくポンと蹴った瞬間足の先にビビビと振動が走って力がわき、「そうよ、もう一度ちゃんと生きるの！」と希望が胸につきあげてきたとか、そんな切実な理由でサッカーを始めたんじゃない、ってことですかね？　せめて、長くサッカーファンをしていて直接やりたくなったとか、某選手の「ムカつくんならオマエらがやれば」というブログに怒り心頭でサッカーを始めたとか、ロナウドのステップオーバーに恋してとか、そういう平凡な理由もないんですか？　「ただたまたま（みんながよく言うフレーズ第一位、たまたま！）何か運動しようってことになって、それがサッカーだったたって感じ？」ですと？　あー、普通すぎる。あー、つまらん！

彼女たちのプロサッカーへの無関心ぶりと、サッカーを始めた理由のマルチっぽさと、そんなふうにたまたま始めたことを何年も続けているというヘンな生真面目さに混乱した私は、練習を終え家に向かうバスのなか、夕方のKリーグの日程と前日の試合の記事をチェックしながら、ふとこんなことを思った。

私を含む大多数の女性サッカーファンが頭の中の検索ボックスに「サッカー」と入力したとき出てくるイメージは、おそらく何年度のなんとかという試合の誰それという選手が炸裂させた逆転ゴールや、ひいきのチームの優勝の瞬間、好きな選手の残念なケガあたりだろう。一方、他人のサッカーをほとんど見ていないあの「サッカーする女たち」がイメージするのは、自分が決めた初ゴール、自分が試合でおかした痛恨のミス、自分のチームが逆転勝利した日、自分のチームのユニフォーム、みたいなもののはず。検索ボックスに入るのはひたすら自分自身と、自分が所属するチームだけ。どこかのプロサッカーチームの誰それという有名選手が割りこむ隙はない。自分に始まり、自分の体に刻まれた経験だけで「サッカー」が埋めつくされている女たち。あれ？　考えてみると、それはそれでカッコよくないか。

「ファン」からサッカーを始めた私には、その経験はうまく想像できない。応援するチームのビッグマッチと自分のサッカーの練習時間が重なったら、迷ったあげく前者を選ぶであろう私にはピンときづらい密着感なのだろう。私はできる限りいろんな面でサッカーとつながっていたいけれど、彼女たちはひたすら自分とじかに接している面だけでサッカーとつながっている。その愚直なまでの集中。私が一緒にサッカーをしているのは、そういう人たちなのだ。

こんなふうに、まったく際立っているわけでも、面白いわけでも、さして奇抜な理由があるわけでもない、平凡な、でも特別な女たちに交じってサッカーをするようになって、すでに三か月が過ぎようとしている。そのあいだにインサイドキックを習い、ドリブルを覚えた。はじめてヘディングをして、コーナーキックの速いボールに勇敢に頭を差し出せば、その日一日頭痛に苦しむことも学んだ。そうして、「サッカー」という単語の陰に、ただもう自分だけが主人公というイメージが生まれつつある。サッカーの外側にいた私が、ラインをまたいでサッカーの内側へ、ステップオーバーをしながら少しずつ入り込んでいる。無駄足になるだけじゃダメなんだけどね。

ロビングシュート

マンスプレイニングVSウーマンズプレー

女性サッカーファン、ややこしくなったり不快になったり

世の中の女性サッカーファンには二種類いる。ファンであることを明かす女と、隠す女。なんでわざわざファンであることを隠さなければならないのかと思うだろうが、なんにでもそれなりの理由があるのだ。サッカーファンだという正体を明かした瞬間から、よろしくない事態に巻き込まれるのがオチだから。だいたい次の二つのうちのどちらかだ。ややこしくなるか、不快になるか。

二〇一五年、レベッカ・ソルニットの『男はしきりに私に教えたがる』という本が韓国で翻訳出版された（原書は二〇一四年刊。邦訳『説教したがる男たち』ハーン小路恭子訳、左右社、二〇一八年）。この本の核となるキーワード「マンスプレイン（mansplain）」は『ニューヨーク・タイムズ』紙の二〇一〇年度「今年の言葉」に選ばれ、二〇一四年には『オックスフォード英語辞典』オンライン版に追加されたほどホットな単語である。男性（man）と説明（explain）の合成語で、動名詞のマンスプレイニングを直訳すれば「男の説明」となる。だが、男性がする説明すべてを指すわけではない。ソルニット自身本のなかで「この単語は男の生来の欠陥だと主張しているみたいに受け取られるかもしれないが、実際は男のごく一部に、説明できもしないことを説明しようとし、聞くべきことを聞かない人がいるだけ。（中略）私だって、関心はあるけどよくわかっていないという事柄についてよく知っている誰かから説明してもらうのは好きだ」と言っている。つまりマンスプレイニングとは中立的な態度での説明のことではなく、「女はこんなこと知らないだろ？」「お前はわかんないよな、女だから！」というジェンダー的偏見に端を発した、傲慢や無視がベースにある説明をいうのだ。

マンスプレイニングという、わりとそのまんまな感じの単語をはじめて聞いたとき、スポーツファンの女たちこそピンときて膝を叩くだろうと確信した。マンスプレイニングを口にするその「一部」の男が「多数派」になりがちな場所といえばつまり、社会通念上男の領域とみなされているところだ。自動車、コンピューター、ゲーム、建築、機械などなど。そこに「スポーツ」が入っていないはずがない。

一度くらい見聞きしたことはないだろうか。長いことファンだと女の側が言っているのに、「もしかしたら知らないかと思って」、ご親切に野球のインフィールドフライについて、サッカーのオフサイドについて、バスケットボールのバイオレーションについて、隣で説明する男たちのことを。私はある男性から「ゴールキーパーだけはボールを手で触っていいんですよ」と大真面目に説明されたことがある。彼はそのとき、私がサッカーファン歴三年であることを知っていた。いったい、私が三年間何を見てきたと思っていたのだろう。

韓国サッカーはその傾向が強い。「女はサッカーをまともにやったことがまったく（ほとんど）ない」という否定できない事実に「女だからスポーツがよくわからないはず」という偏見が加わり、余計マンスプレインが堅固になる。もちろんサッカー好きだと明かすと、自分はよく知らないから教えてほしいと疑問をぶつけてくる男性もいるし、自分も好きだからうれしいと一緒に盛り上がる男性だってたくさんいる。私にだってそんなふうにサッカーネタで楽しく話せる夫や男友達がいることはいる。だが現実は、そうでない男のほうがはるかに多い。残念ながら。

彼らは通常、目の前にいる女性がサッカー好きであると知ると、たとえ彼女がどれほど長くサッカーを観戦していようが（ひどいとその男性よりしょっちゅう、長い間観戦していようが！）必ず、教えようとする。サッカーのルールでも、サッカーの常識でも、なんでも。よくある質問の「オフサイドってどういう意味か知ってます？」に始まって、突然ソクラテスの霊でも取りつくのか、「お前が知と思いこんでいるものは実は真の知ではないと気づかせてやろう」といった哲学的な情熱で産婆術式にしつこく問いを投げかけようともする。サッカーをテーマに深い話がしたいわけではない。恐れ多くも男の領域に入ってこようとしているこの女、はたしてここがどこかわかっていて足を踏み入れているのか、本当に足は入っているのかと一種の住民調査を繰り広げるわけだ。

やがて弱点でも見つかろうものならすぐに食いつき、「ほーら、やっぱりよく知らないんだろ」という表情で、喜びを隠しきれない状態で、説明にとりかかる。逆に、当然無知であるべき女が思った以上に（ひどい場合、自分より）物知りだとわかると困惑し、妙に長話をしたり、「おお、なかなかやるじゃないか！」と、教師が教え子をいい子いい子するみたいに褒めたりもする。それで終わりではない。「サッカーに詳しいフリする女は、男にとってプレッシャーだからモテないぞ。もうちょっと男を立てなきゃ」とか、それとは正反対の「男にモテたくてサッカーを見てるんだな？」というセリフを同時に聞かされることもある。頼むから意見の統一ぐらいしてくれよ。

FCバルセロナみたいな有名チーム、メッシのような有名選手を好きな場合、事態はさらに深刻だ。好きな選手がたまたまイケメンだったらそれこそ最悪。マンスプレイニングを楽しんでいる一部の男たちは、女性サッカーファンのことを俗にいう〝オルパ〟[*1]（顔重視のファン）と断定する傾向も強いからである。彼らには、女が男と同じ理由でサッカーやサッカー選手を好きになるということがイメージできない。理由を情緒的、審美的なものに矮小化してようやく受け入れることができるらしい。あのさ、私もあの選手のキレのある動きや視野の広いところが好きなんだってば。あんたと同じようにね。それにイケメン好きでなぜ悪い？　イケメン好きだとサッカーがわからないとどうして勝手に決めつけて説教したがる？

そんなわけで、私がたとえベッカム好きだとしても、よそでベッカムが好きと言うのは控えるだろう。ベッカムはサッカーファンでなくても誰でも知っている有名人であり、おまけにイケメンだからだ。ベッカム、と口にした瞬間、相手の顔に安堵の色みたいなものが浮かび、「だろ、やっぱ顔で選ぶんだろ?」「どっかでベッカムがうまいって聞いてきたんだな?」の二つの表情が交錯する。クリスティアーノ・ロナウド? いっしょいっしょ。メッシ? 栄えあるバロンドール[*2]六回受賞のサッカーの天才の名は、ますます口にしづらい。十中八九無視され、でもえんえんとマンスプレイニングを聞かされるのがオチだからだ。

それがあんまり大変なので、多くの女性ファンはただもうややこしいことにならないように、不快にならなくてすむように、「マンスプレイニング予防用『好きな選手』」を別途用意しているほどだ。普段は安全でそれらしい答えのほうを使う。たとえば、ベッカムが好きでもベロンやガリー・ネヴィルが好きだと言い、クリスティアーノ・ロナウドやメッシが好きでもトニー・クロースやアグエロがいいと答える方法である。ポップスでたとえるならジェニファー・ロペスやブリトニー・スピアーズが好きでもシャルロット・ゲンズブールと答えておく感じ? 推理小説でいえばアガサ・クリスティーやコナン・ドイルが好きでもルース・レンデルと答えるような?

束になって襲ってくるさまざまな種類のマンスプレイニングにいちいち相手をしてヘトヘト

＊1　オルグル（顔）＋パスニ（追っかけ）の造語。
＊2　欧州プロサッカー界の最優秀選手に贈られる賞。メッシは二〇一九年も受賞して計六回の受賞となった。

になり、ある時点から、そもそもサッカーファンであることを隠して生きるという場合もある。うっかりバレてマンスプレイニングを聞かされても、サッカーのことよく知らないんですぅ、というフリで適当に相づちを打っておく（そうするとかなりの確率で、さんざん解説を聞かされたあげく「やっぱりボクら、話が合いますね」と言われる）。そんなだから、女が、好きなだけでは止まらず自分でサッカーをやり始めたと明かすのは、どれほど慎重にならざるをえないことか。下手したら心臓の弱い人に大きな負荷をかけることにもなりかねないのだ。

〝説教〟界のオフサイド、マンスプレイニング

サッカーをしにいくと、しょっちゅう男たちと顔を合わせて退屈しない。練習試合の主な相手は女子だが、シニアチームともしょっちゅう対戦するし、たまに三十代から五十代までの男子チームとすることもある。そういう男性陣に私はモテモテである。なぜか？「ナメてオッケー」な女である上に、ついこないだサッカーを始めたばかりの初心者だから。ひっつかまえて説教したいことがさぞや多いのだろう。練習試合のあいだ、ずっとすみっこでインサイドキックの練習をしていると、ご苦労なことに必ず近づいてきて一言ずつ声をかけていく。試合中に私のところに来られること自体、本人も試合に出られていない人だと思うのだが。選手だけではない。サッカー場をぐるりと囲む陸上競技用トラックをゆっくりウォーキングするおじさんまで、一周ごとに話しかけてくる。

さらには先輩の息子で、たまに母親についてくる小学生男子までもが私を見ると口数が増える。あるときなど、四年生のボクに二時間びっちりつきまとわれ、インサイドキックやドリブルの姿勢を細かく矯正されたりもした（このちびっ子紳士は別れ際にジュースまでおごってくれ、「今日教えてやったことを忘れないようにな。これからも頑張れよ」と、親切にも私のサッカー人生の幸運まで祈ってくれた）。実際、ここまではわりといい話だ。ソルニットの言い方を借りれば、私も「よくわかっていないという事柄についてよく知っている誰かから説明してもらうのは好き」だし、そうやって聞きかじった言葉が非常に役立つこともあった。まあ、教える人によって言っていることが違い、こんがらがることもあるにはあるのだけど。

問題は、子供の頃からサッカーをしてきてプロの経験もあるキャリア二〇年の女子サッカー選手にまで、コーチングしたがる男がいるということだ。一〇分プレーを見ただけでも、元選手の女子よりはるかに劣っているのが一目瞭然の、平凡な上にも平凡な実力のくせに、である。元韓国代表の女子選手でさえ、彼らのレーダーを逃れることはできない。世の中には、元ナショナルチームの選手を前にサッカーの基本テクニックを講釈したがる男が実在するのである。

その日もそうだった。四十代と五十代からなる初対面の男子チームとの練習試合で、私たちのチームは1－0でリードして前半を終えた。あたりまえだが、同年代の女子と男子の試合はスピードやパワーの面で圧倒的に女子の方が不利だ。それでもこの日まずまずの試合運びだったのは、元プロ選手の四人が全員参加しているこちらに対し、相手には中学高校までさかのぼっても選手経験のあるメンバーが一人もいなかったせいだった。うちのチームの「選出」

（選手出身の略）はこの平凡な男たちを相手に、安定したボールコントロール、鋭いパス、素早い動きで身体的なハンデをうまくカバーし、最初のゴールを奪った。楽勝の予感がした。

が、男子チームの選手たちはそうは思っていなかったらしい。ハーフタイムに一息入れていると、四十代そこそこらしい男子一号と男子二号が水筒片手に近寄ってきて「いやあ、みなさん上手ですね。この前近所の女子チームとやったときは、前半からものすごい点差が開いちゃったんですよ。後からホント、申し訳なかったっていうか？　今日もそうなるかと思って、前半みんな遠慮しちゃったんだよね。それがあっというまにゴールとられちゃって、いやあ、こりゃ形無しだ、アハハハハ」と、敬語ともパンマルともつかない口ぶりで話しかけてきた。

「それって、前半は大目に見てやったたって遠回しにおっしゃってるんですよね？　やだなあ、なんでそんなマネするんですか。そうじゃなくてガチンコできてくださいよ。それでこそお互い成長して、タメになるんですから」

そういう言われっぷりにはとうに慣れっこのキャプテンが適当に笑顔を作ってあしらったが、彼女の目が少しつり上がっていることに私たちメンバーは全員気がついていた。不幸なことに、男子一号と二号のコンビはわからなかったらしいが。


後半は本気でやってくださいよ、えっ？

「そりゃそうだけどね。女子チームとやるときはどうしても差が開くから、申し訳なくてなかなかねえ。ボクの見たところ、このチームはみんなうまいほうだけど、やっぱり残念なプレーが多いんだよな。もしかして選出ですか？　でしょ？　選出だよな？　だと思ったんだよ。選出のなかには、必ずカッコつけてサッカーするヤツがいるんですよね。単に一回切り返せばいいところを、なんで二回、三回やるかなあ？」

そんなふうに始まったサッカー指導タイムはしばらく続いた。後のほうになると、周りでぶらぶらしていた男子三号と男子四号（男子チームのゴールキーパーだった）も加勢した。ミッドフィルダーは結構ムダな動きが多い。浮き球の競り合いを避けすぎる傾向がある。誰々はドリブルでの足がどうたらこうたら。誰々はパターンが読めてしまうとかなんとか。

不愉快なのはあたりまえだが、聞いていていたたまれなくなった。ハッキリ言えば、入団以来最も居心地の悪かった瞬間じゃないだろうか。それまで練習試合だけで十数回は見ていたが、このチームの実力は下から三、四番目ぐらいとしか思えず、特にいま話しているこの四人組は、飛んできたパスは受けられないわ、キックでまごつくわ、守備への対応も遅いし、ゴールキーパーのパンチングは中途半端だし、目立って右往左往していた選手たちだったからなおさらだ。

「あー、はいはい。教えていただいてありがたいんですけどね。ウチらだけで静かに休んで戻りたいんで、そろそろいいすか」

いやはやみなさん、ここでこうしてる場合ではないと思うんけど……。

キャプテンの目がさらに少しつり上がった。今度は男たちもハッキリ気づいたようだった。

「キャプテンさん、いろいろ言われて気を悪くしちゃったかな。やだなー、よかれと思って言ってんだからツンツンしないでよ。お互い成長してタメになるとかって言ってたじゃないですか」

「ええ。でもあんまタメにならなそうなんで。ウチらだけで休みますから」

「ったぐ、おねえさん《アガシ》さあ！（キャプテンがサッカー場で最も嫌っている呼称が登場してしまった）。キャプテンがなんでそんなに度量が狭いかなあ。ボクら、おねえさんたち個人を責めてるんじゃないのヨ。こういうのに感情的になったらダメでしょ、選手なんだから。そういえばさっきおねえさんも、ボール蹴るとき……」

「おじさん《アジョッシ》！（キャプテンがよほどのことがない限りサッカー場で口にしない呼称まで登場してしまった）、悪いんですけどアタシ、それなりにサッカーやってきてるんで。元韓国代表ですから。チョン・ウンジンって名前なんで、一度ネットで調べてみてください。それとこの子も元韓国代表です。ウチら充分知ってますし、自分たちでやれるんで。いいすか？」

　キャプテンの剣幕と元韓国代表という言葉に、男たちは一瞬バツの悪そうな表情になり、口をつぐんだ。その間に携帯で検索したのか、少し離れた場所に座っていた男子5号が「お～、あった！　うわ、キャプテンさん、すごいっすね～」と、立ちつくす男たちに駆けよって画面を見せた。そして彼らは静かに向こうへ去っていったか？　まさか。精いっぱい善意に解釈すれば、おそらく恰好がつかなくなって、何でもいいから口にして、きれいに（体面が崩れないように）話を終わらせたかったんだろうと思う。そうでなければ？　単に一言も負けを認めたくなかったんでしょうな。いずれにしろ、その試みは状況をさらに悪化させた。

「いやあ、しかし男子だと韓国代表までやってればパッと目がいくもんだけど、女子ってそうでもないいんですね。だから気づかなかったんだ。申し訳なかったですね」

「キャプテンさん、昔よりちょっと肉ついたんじゃないですか？　そっか、引退してけっこう経つからな。引退後もずっと自己管理して実力をキープするのって、大変だしね」

「特に女子は、三十代になるといったんガタンと体力落ちるもんな。ちゃんと運動してます？　ウェイトトレーニングとか。やってないなら一人いいトレーナーの後輩がいるんで紹介したげますよ。したほうがよさそうだから、試合終わったら名刺あげましょう。そいつ、上手ですよ」

幸か不幸か審判のホイッスルが聞こえてきた。キャプテンは後半の準備に戻る男たちの背中に向かって「おじさん、後半が終わった後も、手抜いてタラタラやったみたいな残念な言い訳しないで、本気でやってくださいよ、えっ？　負けてもメンツだけはつぶれないようにしたげますから」と薄気味悪いトーンで脅しの言葉をかけ、メンバーを集めてピッチに戻った。今日の出場メンバーでない私と他の四人の選手も個人練習をしにグラウンドの隅に向かった。途中チラッチラッとピッチを見やると、キャプテンがあれこれメンバーに指示を飛ばしていた。怒りをメラメラ燃え上がらせて。こりゃあ、今日はただではすまないぞ。

マンスプレイニングに対するウチらの答えは、ゆっくり、優雅に

後半が始まった。どうしてもしょっちゅうピッチに目がいってしまい、個人練習にうまく集中できない。他の四人もしきりに立ち止まってゲームを盗み見しており、どうやら気持ちは同じようだった。結局ウンギョン先輩の「うーん、これがどうなるか、ちょっと見ちゃおっかなー」という心の声だか独白だかわからないセリフを合図に、私たちはこっそり練習を中断して観戦を始めた。監督も何も言わなかった。試合に心奪われている私たちを理解していたからか、試合に心奪われて私たちが目に入らなかったからか。どちらであってもおかしくないほど、ハラハラドキドキのゲームだった。

状況は前半と似ていた。だがはるかに激しかった。特に男子二号は、競り合いの最中にうちのチームの総務を務める先輩をつきとばし、ファウルを言う審判には「ただすれ違っただけで勝手に一人でぶっ倒れたんですよ！　ホント、女は大げさで汚ねえから、試合になんねえよ！」と声を張り上げた。いやあ、肘を使って汚いマネをしてるのを私はこの目でハッキリ見たんだが、まさかテメエが抗議するとはな。こっちこそクラッときて一人でぶっ倒れそうだぜ。

短い騒ぎが収まり、ゲームが再開した。総務先輩の鋭いパスをキャプテンが軽く受ける。いいぞ！　前にスペースもあるし、あとはまっすぐ進むのみだ！　のみだ……と、思うんだけど？　ん？　希望に満ちたフィールドが目の前に広がっているのに、キャプテンはあえて左に体の向きを変えるではないか？　なぜ？　なぜUターンする？　男子チームのディフェンスも

とまどっている様子だし、私も首をかしげながら穴が開くほどキャプテンを見つめていた……まさか……まさか？

そのまさかだった。キャプテンがボールを運んだのは男子二号の真ん前だった。何が起きているかわからないが、目の前にボールを持った相手がいる以上、何が起きているかを気にしている場合ではない。とりあえず急いでディフェンスの体勢をとる男子二号。しばらくボールを転がしていたキャプテンは、左手を突破するかのように体をパッと傾け、男子二号がその動きにつられた瞬間、反対側にボールを出して、風のようにサッとかわしてしまった。おおおおっ！　取り残された男子二号がキャプテンのフェイントに引っかかってバランスを崩し膝を折るのと同時に、私は思わず歓声を上げていた。選出は一回切り返せば十分なのに必ず二回やるとかなんとか言っていたが、あんたはホント、一回で充分だよ！　あ〜、いい気味。あ〜、しびれる！　隣で別の先輩が興奮して叫んだ。

「ウンジーン、走れ！　走れ！　走れ！」

キャプテンはそうは考えていなかった。あとはゴールを目指すのだろうと思ったそのとき、つまり、男子チームのディフェンダー二人が前に詰めたそのときに、キャプテンは再び体の向きを変えて、ボールとともに男子二号の前に舞い戻った。そして同じ方向にフェイントをかけ、もう一度、彼をあっさり置き去りにした。さっきよりさらに一瞬の出来事だった。わわわ、マジか。まさかとは思ったが、わざわざもう一度戻ってまたやるなんて、怖ろしい女。トキロイマカ・カンデトッカ＊みたいな女。われらが恐怖のカンデトッカは、いまや何者にも邪魔されることなく前を目指して走っていた。他のディフェンダーがとっさに追いかけるが力不足だ。キャプテンは軽く交わしてゴール前に進み、自分でシュートした。

完璧なシュートだった。それも、ロビングシュート、完璧な、ロビングシュートだ。ロビングシュートとはボールの下に足先を入れて蹴り、キーパーの頭上を越える高さでゆるやかに入れるシュートをいう。このシュートのしびれる点は、キャプテンにトレーナーを紹介してやると言っていた男子四号がそうだったように、キーパーを手足が縛りつけられたみたいに何もできなくさせ、頭の上をボールがゆっくり軌跡を描いて飛んでいくのをただただ拝むだけの虚脱状態にしてゴールを奪うところだ。早くて強烈なシュートより、さらに大きな屈辱感を相手に与えるシュート。ボールは美しい放物線を描いたあとポンポンと跳ねてゴールに吸い込まれた。

2－0。

痛快というよりはどこか胸が熱くなるような余韻の中、怒れる男子チームの猛攻撃が始まった。手に汗握る場面が二回、攻撃が何度となく続く。男子チームの反撃に、エースでありもう一人の元韓国代表のスンウォンが突然飛び出して、男子三号のパスをカットした。そして彼女もまた、ゴールではなく男子一号の前にドリブルする。今度は驚かなかった。みんな今日は攻めるな～　攻めるね～。マンスプレイニングを吹っ飛ばす、ウーマンズプレーのお祭りの日だ。

その意図を誰よりも早く見抜いた男子二号（そりゃそうだ）が走り、男子一号とともにスンウォンを囲んだ。だが彼女は、二人のあいだのスペースにボールをポンと蹴り出すと自分も悠々とすり抜け、ゴール前までドリブルしてキャプテンにパスを出した。クッションのように柔らかくボールを受けると、キャプテンは落ち着いてシュート。今度もロビングシュートだった。最初のシュートより高く。キーパーの背丈を楽々と越える、よりやわらかで優雅なシュート。そうやって立て続けに決まった二本のロビングシュートにジュボク先輩のゴールまで加わり、試合は4－0で終了した。

試合が終わると、キャプテンと先輩たちは残っていた缶ジュースを男子チームへ渡し、「ありがとうございました」「お疲れ様でした」と形式的な挨拶だけを交わした。それ以上のやりとりはなし。キーパーがトレーナーの名刺を渡してくることもなかった。おそらくあのチームは二度と、私たちと練習試合をしないだろう。

すばらしい後半二〇分だった。みんなが思わず声を上げる痛快な二〇分だったし、ちょっとやそっとでは腰を上げないあの監督までもがガタンと立ち上がった二〇分だった。私にとっては、長年たまりにたまっていたマンスプレイニングの毒がほんの少し解毒された気がする二〇分だったし、だからひとしきり泣いてスッキリしたあとみたいな二〇分、ふたたびサッカーとの恋に落ちた二〇分だった。

あの日以来、職場や日常生活で男たちのマンスプレイニングに出くわすたびに、キャプテンのシュートがよみがえってくる。今まで目にした中で一番意味深いシュートじゃなかったろうか。込められているメッセージは、とてもクリアだ。「私のキックはゆっくり、優雅に、あん

＊　八〇～九〇年代に「日本で一番残忍な人の名前」として流行したジョーク。韓国語にすると「斧で額を割れ・割ったところをまた割れ」という暴力的な意味になる。

たたちの『コーチング』を越えるのさ」。ゆっくり、優雅で、痛快だった、忘れられないロビングシュート！　ラヴィング《愛する》シュート！

アウトサイドドリブル

ボールだけを見つめる者の悲しみ

平和な土曜の朝を台無しにしたのは誰？

「前を見るんじゃ、前を！　しょっちゅうボールばっかり見ないで。顔をあげろって！」

シニアチームの監督をつとめるじい様の声が、きまってサッカー場を横切る。ピッチではうちのチームとシニアチームの練習試合の真っ最中だ。私を含め試合に出られない残り四人は、ピッチの外でドリブルの練習をしていた。

練習試合がある土曜の朝、うちの監督とシニアチームの監督のじい様は、必ずサッカー場の金網ごしに試合を観戦していた。実際のところは観戦というより観賞に近い。ラインぎりぎりにへばりついて必死に作戦指示を飛ばすのが監督の当然するべき仕事じゃないかと思うのだが、二人は無頓着。というより、まるでよそのチームの試合、それも、知っている選手など一人もいない、国名だってよくわからないからますます関心のない「トルクメニスタン対シエラレオネの親善試合」かなんかを眺めているかのようだ。

通りかかった近所のおじさんに話しかけられると、おしゃべりに花を咲かせたりもする。おじさんたちは大体「監督さんもサッカー選手だったんですか？」から始まって（それでも監督には見えるらしい）、最後はいつも「李同国《イ・ドングク》とは仲いいですか？」「安貞桓《アン・ジョンファン》と会ったことあります？」みたいな質問をし、監督がそれに「いや」と答えれば失望の色を隠さない。いつだったかランチを食べに行った店で、監督はおかずのシシトウ炒めを箸でつまみながら「なんだよ、なんでがっかりされるのよ。サッカーしてたらみんなあいつらと仲良くなきゃいけないのか」と憤慨していた（「だからなんであんなとこにいるんですか。箸の使い方じゃなくてポジショニングが重要なんでしょ」と言いたかったがのみこんだ）。

もちろん、公式大会への出場とか、せめてランチが賭かった必ず勝敗を決しなければならない試合となれば、両監督ともに熱血体質に早変わりして情熱を逆上へと燃え上がらせるのだが、すっかりなじみのチームとの練習試合では大体がそんな感じだ。たまに「そんなディフェンスしてたら辞めさせちまうぞ！（うちの監督）」とか「ずっと競り合いで負けてるようなら、転ぶたびに写真撮っておまえんとこの孫に送りつけるぞ！」（シニアチーム監督）などの恫喝もあることはあるが、総じて穏やかな雰囲気というか。ところが、数週間前からその平和は破られ、シニアチーム監督のじい様が発作的に怒声を上げるようになっていた。

「前を見ろ！」、「顔を上げるんじゃ！」、「地面から目を離せ！」という怒鳴り声が、最初の週は二時間に一回、次の週には四五分に一回、次の次の週は三〇分、さらに次の次の次の週は二〇分に一回と次第に間隔が短くなり、この日は前半開始から一〇分も経たないうちにすでに二回ほど聞こえていた。この調子でいけば、来月は前の叫び声が消えないうちに次の叫び声が上がりそうな勢いだ。そうした混乱状況には私にも少し責任があって、なぜかというとその叫び声は、まさに私に向けられていたからである。

何週間か怒鳴られ続けていた。自分のチームの監督はといえば、私がメチャクチャなサッカーをしていても無限の温厚さをキープしている（李同国や安貞桓のことを聞いてくるおじさんたちさえいなければ）のに、シニアチームの監督じい様は、この新人についた初歩の悪いクセをなんとか一掃しようと固く決意したらしい。何事もなく進行している練習試合はみすみす観賞しながら、なぜ端っこでそっとサッカーボールとの友情をはぐくんでいる私のことは鋭い目で観察するのか。退屈な午前、手持ち無沙汰に新聞を眺めている風情なのに、実際は「まちがい探し」に没頭している不動産屋のオヤジのようだ。

この監督じい様、他のじいさん選手とよくじゃれあい、朗らかにおしゃべりを交わすうちのメンバーからも唯一苦手扱いされているシニアチームの最高齢だった。いかめしい、何かに怒っているような表情が、作りつけのタンスみたいにいつも顔の上にどっかり鎮座していて、ちょっとやそっとでは変わらない。朝、はるか向こうからやってくるときもその表情、審判の判定に不満を表明するときも、冗談を言うときも、疲れているときもその表情。昼夜を問わずその表情なのだ。なんか、村の入口に立ってる木彫りの神様みたい。

一度、その監督じい様の表情がかすかに、ほんのかすかに緩んでいたことがあった（でもまあやっぱり、一般の基準からすればかなり怒っているのに近い表情で、普段と大差はなかったのだが）。「監督的にはいま、ほとんどひっくり返るほど大爆笑中なんだろうね」とみんな大真面目に話していて、それこそ私のほうがひっくり返るほど笑ってしまった。そんな人が毎週、ところかまわずあらわにする激しい怒りに、私の心は端っこからじりじり焦げていきそうだった。

それもこれも、みんなアウトサイドドリブルのせいだ。アウトサイドドリブルは足の外側を使い、ボールの下に小指をサッと入れる要領でボールを押し出しながら進むドリブルをいう。このドリブルの一番のメリットは、ディフェンダーの目をあざむくのに非常に有効な点だ。体をねじってあちらへいくと見せかけて、つられた相手選手が同じ方向に体勢を整えた瞬間、逆を取るとき役に立つ。サッカーで最も胸が熱くなるのはなんといっても「シュ〜ト、ゴ〜〜ル！」の瞬間だが、ディフェンダーをひょいと突破する一瞬も負けず劣らず魅力的である。私がサッカーに心奪われた場面も、ロナウドのゴールではなくて無駄足つきだったし！　ロビングシュートのあの日、キャプテンが披露してくれた豪華絢爛なフェイントの動きだってそうだぞ！

アウトサイドドリブルはそんなフェイント動作の第一関門に近いから、他の動きを覚えるときよりはるかに悲壮な覚悟で練習に臨んでいた。完璧にマスターするぞという気持ちにがんじがらめになり、「一つ一つを丁寧に」と、足の正確な位置がボールの正しい場所にタッチできているか、足の甲はきちんと伸びているか、力を入れすぎずに軽くポンと蹴れているかをたえず確認した。そこまではよかった。かなり早いうちにある程度体にもなじんで、そこそこ自信がついた。問題は、その後だった。

数週間前の土曜日。いつものようにサッカー場の周りでアウトサイドドリブルを練習していたときのことだ。突然私は、木彫りじいさんに呼び止められた。

木彫りじいさんは私を見て怒鳴るんだろうな

「キム・ホンビっていったな？　今年新しく入ったっていうのはお前さんじゃろ？　お前さんはスピードもあるし、ドリブルのフォームもまあまあだし、ちょっと練習すればすぐ伸びるじゃろう」

おお、このいかめしそうで怖そうな、何を考えているかわからなそうな監督さんのお褒めにあずかるとは！　少し感激した。サッカーを始めて以来、誰かに自分の動きをコメントしてもらうのが初めてだったこともある。うちの監督はそういうのが得意なタイプではなく（たとえ話は得意だけどね）、先輩たちもあれこれ言ってくれるキャラクターではなかったから、入団から四か月のあいだ、いったい自分が今ちゃんとできているのか確認する術がまったくなかった。しかしこうやって、たとえよそのチームの監督であれ言葉をかけてもらえると、それまであまりしんどいと思ったことがなくても胸がスッーっとし、安心もした。おまけにあんな木彫りの神様みたいな人に、あんな表情で、あんなふうに言われたら、ますますこの上ない真理のように思えてくるのだ。そしてそして、後に続いた言葉は、忘れかけていた別の真理までも気づかせてくれた。

「だがな、そんなにずっとボールばかり見て蹴っていてはダメじゃ。そんなことをしていたら決して上達せん。ボールは視界の隅で、チラッと見るもんだと思え。目は前、周りが見えていないといかん！」

なんと！　まったくもって正しいお言葉。いわずもがなの基本中の基本、にもかかわらず不思議なほどなにも意識していなかった。世界のどこに、ボールだけ見てるサッカー選手がいるだろうか。ボールから目を離してこそ試合の全体状況が把握でき、適切な判断を下すことができる。相手側ディフェンスの動きも確認しなきゃいけないし、パスを送ってくれるメンバーをチェックし、目でコミュニケーションをとらなければいけない。こうやってぼ〜っと、地面、地面の上のボール、ボールの下に入った足、と、そんなものばっか順番に見ていてはダメなんだ（なんでうちの監督はそういうこと言ってくれなかったんだろう）。木彫り様、じゃなくて監督様、ありがとうございます！　これからは顔をあげて！　前を向いて！　堂々と、サッカー大型新人の道を歩んでいきます！

そう誓ってはみたものの、道はひどく険しかった。ボールから視線を外すことがこれほど難しいとは。自転車から補助輪を外したときのことを思い出す。それまでしっかりと支えてくれていた補助輪はもうないという事実を認識したとたん、急に「転ばないでうまく運転できるだろうか？」と不安がわきおこり、あれこれ考えてしまい、そうなったらもう、ペダルの上の足、足を動かしている足首から上、座席の上のおしり、ハンドルを握る手というすべてがバラバラな気がして動作がぎこちなくなって、あっという間にバランスを失って転ぶ。サッカーボールから目を離すのもあれと同じだった。ボールを見ていないという事実を意識した瞬間、ひょっとしたらキックミスするのではないかと、爪先、足の甲、小指、地面を踏みしめている別の足とすべてに気が散って、ステップがもつれたり妙に力の入った変な蹴り方になってしまう。人間というのは何かを意識した瞬間、その意識の対象に必要以上の破壊的な力を加えてしまうものらしい。

じゃあ意識しなきゃいいんじゃないの、とおっしゃる方もいるかもしれませんけどね、ええ……でもほら、私たち、よく知ってますよね。それがそんなにラクじゃないってことを。本当に、ラクではなかった。ボールから目を離すと不安になる→それまでしっかりうまくいっていたドリブルが狂い始める→イラつき、自分が信じられなくなる→今すぐ足元を見たくてますますイラつく→結局足元を見る→しょっちゅう見る→また見る→止まらない→泣く→泣き疲れてまたボールから目を離してドリブルする。このルートをエンドレスでたどるうち、大型新人の道というよりものすごいけもの道をさすらっているのではという疑問が濃厚になってくるのだ。

ボールがたまに足にうまく当たったときだって同じだ。なんか、それっぽいけどちゃんとは当たってない気がする→これマズいんじゃないかという嫌な予感がしてくる→姿勢も正しくない気がしてくる→こんな不正確な姿勢が習慣になったら、直すのが大変じゃないかと心配になってくる→とりあえず今は正確なやり方を覚える方が大事という気がしてくる→結局足元を見る→しょっちゅう見る→また見る→止まらない→泣く。またこのルートに合流してしまうのだ。もう何週も、このサイクルから抜け出せないでいた。

この日もマシになる気配はいっこうになく、それを指摘する監督じい様の怒号がずっとスタンドの方から飛んでいた。「前を見ろ！」「頭を上げるんじゃ！」「地面から目を離せ！」。叱れることもそうだけれど、頭で思っている通りに体とボールをコントロールできない状況が何よりつらい。心の中での号泣が二五回目くらいになった頃、ようやくピッチの上では前半が終了した。

あの、誤解しておられますが

試合のあいだじゅう金網の向こうで腕組みをしていた監督が、選手たちの飲み物のボトルを手にやってきた。前半の問題点を指摘し（見ていないようで全部見ていたらしい）、練習組の四人には何をトレーニングしていたか質問した（全部を見ていたわけではないらしい）。

「ほう、アウトサイドドリブル？　いいですね。そしたら、後半は競技場に沿ってアウトサイドドリブルしながら回りましょうか。四人一列でね。ただし！　四人の間隔は同じように空けて。どっかがえらく離れてたり、近づきすぎてちゃダメ、一定の間隔をキープしてってことですよ。息を合わせるのが練習だから、自分勝手なペースでやってもダメ。いいですね？」

そういう、ある程度の協力が必要なミッションで重要なことは、一番実力不足の人間をどこに配置するかだ。要するに私である。全体を等間隔に保とうとすれば先頭が正しいだろう。一番出来の悪い私が一番前でのろのろ進めば、後ろの上手な人がスピードを合わせられるから、間隔が狂う確率は低くなるわけだ。だが、速いドリブルができる先輩たちが私に合わせ、二〇分以上散歩でもするみたいにゆっくりやったら、彼女たちの実力の向上には何の役にも立たないに違いない。だったらむしろ私が一番後ろにつき、一人で間隔を崩している方がマシだった。先輩たちも同じ考えだったのか、私が自分から一番後ろに回るのをごくあたりまえのように受けとめ（ひょっとしたら特に何も考えてなかったかもしれない。そもそもそういうのは一番気後れしている人間が一番必死に考えるものだ）あっという間に整列が終了した。各自一つずつボールを持ってスタートしようとした矢先、監督がぬけぬけとこう付け加えた。

「何度かチェックしますからね。間隔がどっか狭かったり広かったりしたら、連帯責任でグラウンド一〇周！　がんばってくださいよ」

なぬ？　団体ドリブルだけでは足りず、連帯責任まで課すだと。そうとわかっていたらだまって先頭についたものを。すでにスタートしてしまっていたから、今さら一番前に回ることもできない。怒鳴り声なら百回聞かされたって自分一人叱られていればいいから気がラクだが、私のせいで他の先輩まで、この強い日射しのなか競技場を一〇周させられるなんて。それだけは絶対避けたいのに……。

いまさら悩んでも仕方ない。ひたすら間隔キープだけに集中するしか。正確なドリブルを心掛け、同時に先輩たちのスピードにも気を配るというのは私の実力では不可能だ。無理をして変な方向にボールが飛んでいきでもしたら……ああ、考えただけで怖ろしい。そう、正確さにはこだわらず、顔を上げる努力はさらにせず、せいいっぱい安全に、ボールと足だけをひたすら見つめて進むのだ！　もちろん、怒りの雄たけびはますます大きくなるだろうが、今それは大切なことではない、はず。

そう強く心に決めて、とりあえず最初の一周は無事に終えることができた。スタンドに立っている監督じい様の前を横切るときは少し緊張したが、そろそろと通り過ぎた（タイミングよくピッチ上で目を離せない事態が起きていたらしい）。二周目も同じように「堂々と」ボールを見ながらドリブルを続けるか、たまには前を見て先輩との間隔をチェックするか、監督じい様の目も気にしたほうがいいかもと忙しく思いを巡らせながら再びスタンド前まで来ると、あ～あ。案の定だ。今度こそ、来るべきものが来てしまった。

「こら！　キム・ホンビ」

強く心に決めていたとはいえ、木彫りに怒鳴られて身がすくまないわけがない。それでもがんばってなにげなく監督じい様のほうに顔を向けると、ハッ！　なんだそれっ？　目を疑う光景に、一瞬ボールを逃しそうになった。監督じい様が、笑っていたのだ。知る人ぞ知るあの暗号みたいな笑いではなく、誰が見ても笑顔とわかる、明るい表情で。なに？　どして？　なんで笑ってるの？　私はひどく不安になってきた。「ほとんどひっくり返るほど大爆笑中」だったのは無茶苦茶怒っていたときだったから、あれほど笑っているということは、実際は「ほとんどひっくり返るほど大激怒」してるのではないか。しかし、事実はもっとよくなかった。

「いや〜、お前さん、もうできとるぞ。ほらみろ。それでいいんじゃ。悪い癖がきれいサッパリなくなるまで、お前さんとワシの勝負だと思っておったが、もう大丈夫、大丈夫だ！　でかした！　ずっとその調子でいくんだぞ！」

ええっ？　突然それって、どういうこと？　なんで褒められてるんだ？　これ、なんか明らかに誤解されてる気が。ひょっとして……。

ああ、監督様！　違うんです。そうじゃないんです！　私はあいかわらず、もっというと他のどんなときより堂々と、ボールばかり見ていた。その最中、前の先輩との間隔を確認しようとほんの少し顔を上げた。よりによって、よりによってその一瞬を御覧になり、誤解されたに違いなく。ああ、違うのに。あんなふうに喜ばれたら困るのに……。だけど、ホントうれしそうだなあ。私だけでなく、サッカー場にいた全員が監督じい様の笑顔を不思議そうに見つめていた。前を進む三人の先輩もポンポンとボールを前に蹴りながら振り返るのはもちろんのこと、試合中の選手までもが一瞬足を止めて監督じい様に見入っている。まるで数年に一度しか咲かない竹の花のように、めったにお目にかかれない光景を目にして驚きに包まれている。あ〜あ。あの花、いま咲いたらダメなんだって。あれ、絶対私がへし折ることになるんだから……。まいっちゃったな。あんなに喜んでいるのに誤解だったとわかったら、激しく失望されるに違いない。失望されるのは仕方ないとしても、あんなに劇的に喜ばれてしまうとこちらにも罪悪感のようなものが生まれ、ひどく複雑な気分になる。

その状況で私にできることはなかった。ドリブルも難しい、誰かの誤解を解くことも難しい、〝ドリブルしながら誤解を解く〟という、〝寝ながら餅を食べる〟*の完璧な対義語みたいなことが私にできるはずがない。とりあえずドリブルしながら前に進むしか。スタンドを完全に通り過ぎてコーナーを曲がる。ゴールポスト裏まで来て、一瞬、監督じい様の視界から消えることができた。だが次のコーナーを回りスタンド正面のサイドラインまで行けば、また視線を避けられなくなる。あ〜あ、竹の花を折らざるをえないタイミングが近づいてるよ。誰かが怒る姿よりも落胆する姿を見る方がずっと気が重いものなのだと、改めてそんなことを考えているうちにコーナーも終わりに差しかかった。私の心もコーナーに追い込まれた。

ある種の誤解は自分を一歩前へ

すっかり緊張しまくってコーナーを曲がりきると、向こう側にいる監督じい様がふたたび視野に飛び込んできた。私も彼の視野に入っていく。はっきりとは見えないが、ピッチを横切る熱いまなざしが全身に突き刺さってくるのを感じる。普段の厳しいまなざしではなく、感心したような、到底崩れない信頼らしきものがあふれている感じだ。とてもじゃないが顔を下に向けられなくなった。ここでうなだれたら、すぐ前を通り過ぎるとき、すっかり失望した顔を目のあたりにしなければならない。それだけは絶対に避けたい。少しずつ、とりあえずあの向こうまで、半周だけ、さらにもう半周だけがんばってみよう。顔を上げて、前を見て、ボールから目を離して。きちんきちんと、落ち着いて。そんなふうに、ふたたび監督じい様の前にくるまで黙々と半周した。

監督じい様は前を通り過ぎていく私にうっすらほほえみ、「そうじゃ、いいぞ」というように肯いていた。その姿を背にして今度は四週目に入ると、どういうわけか前を見てドリブルをするのがちょっとラクになっている気がした。そのまま五周目、六周目と回るうち不安は少しずつ消え、な〜に、多少失敗して妙な方向に飛んでったってそれがどうした、と思える度胸もつき、もちろん途中何度か下を向いてボールを見たし、二回くらいボールが遠くまで飛んでしまって拾いに走ったりもしたが、なんとかドリブル練習を終えることができた（幸い罰はまぬがれた。監督は見ていなかったのか見逃してくれたのか）。顔を上げて。ボールばかり見ないで。信じられないからもう一度書こう。顔を上げて、ボールばかり見ないで、に成功！

この日の午後、ドリブルのときしょっちゅうボールを見てしまう癖は消えた。そしてついに次の段階、「アウトサイドドリブルをしてターン」というテクニックに進んだ。二つの動作が連続するので結構それらしい感じがするぞ。自分にこんな動きができるなんて思いもしなかったけど、なかなかサッカーっぽくなってきたじゃないよ？　孤独で先が見えなかったこの数週間の峠を、ようやく越えることができた。練習や怒号でもまたげなかった敷居を、小さな誤解から「どさくさまぎれに」乗り越えたことが、少し恥ずかしくはあったけれども。

＊　韓国語のことわざで「朝飯前」の意。

だが、実はサッカー自体（他の競技もそうだが）、しょせんは誤解と誤解が精密に組み合わされたスポーツなのだ。前でアウトサイドドリブルの一番のメリットと書いた「ボールがあちらに行くと見せかけ」ること、つまり、一九五六年にバロンドールの最初の受賞者となり、ドリブルで世界サッカーを制したスタンリー・マシューズの言葉どおり、「左に行くと見せかけて右に行く」フェイントがピッチのあちこちで、さまざまな形態で繰り広げられるのがサッカーなのである。こちらに行くと思わせてあちらへ逃げ、こちらにパスを出すふりであちらにパスし、ゴールの左目がけて蹴ると見せかけて右にシュートを入れ得点を決める。誰かの誤解を利用して、求めるものを手にするゲーム。

そういう面で見れば「誤解を誘うこと」こそアウトサイドドリブルの使命だ。もちろん、私のアウトサイドドリブルはその使命に忠実なあまり、とんでもない人を誤解させてしまったわけだが、おかげで絶対に無理だと思っていた峠を越えることができた。ピッチの上でもピッチの外の世界でも、たえまなく誤解が生まれ、誤解をし、誤解され、誤解を恨み、苦い思いを抱くが、たとえそうであったとしても、ある種の誤解は自分を一歩前へ進ませてくれる。

アウトサイドドリブルに成功してはじめて迎える土曜日。サッカー場は久しぶりに平穏を取り戻していた。ピッチでは練習試合の真っ最中で、二人の監督はヒマそうに試合を観賞し、私と練習組のメンバーはサッカー場の隅っこでそれぞれ個人練習に没頭していた。前半開始から一〇分が経った頃だろうか。先週日曜に覚えた「アウトサイドドリブルをしてターン」の練習になった。そして、数分後。

「こらっ！　キム・ホンビ！　お前さん、ターンするときもしょっちゅう地面見てるつもりか？　見るなって！　ターンとなったらまたか？」と、新たな怒号が再びサッカー場に飛び交ったとさ。ターンはすぐに覚えられるだろうと思ったが、これまた誤解なり。とにかくそんなわけで、当分のあいだ平穏な土曜はおあずけの予定である。あーあ。

ウォールパス

君と私の時計が合えば、第三のスペースが開けるさ

いつも度が過ぎるひと

コルベンイ[*1]の和え物に添えられたそうめんをフォークでくるくる絡めとりながら、「今日はうっかり二次会まで来ちゃったな」と考える。が、よく考えると四次会だった。二次会で、早く喉ごし爽やかなビールを飲みたいと気の抜けたヤツをとっとと空け、ついついいつもよりピッチを上げたのがよくなかった。こうなるとお酒というのは飛んできたボールくらい扱いが難しい。誰かが大きな刷毛で、体のなかのあちこちにうっすらと気だるさを塗りこめていったような感じだ。ほんの少し量や速度の調節を間違っただけで、それはすぐに澱《おり》になって沈む。体が限りなく重くなる。そうなったらもう何を考えるのも面倒になり、三次会の店のほうが家に近いなんて理由で何も考えずに三次会へ行き、それから四次会へも行き、ここまで来たんだ

から最後までと、まあそういうことになる。

「ソーシャルタイム」から「ひとりタイム」に早く戻りたくて、たいていの場合ランチだけ一緒に食べるとそそくさと家に帰っていた私が四次会会場のイザカヤ[*2]に入ってきたもんだから、チームのレギュラーでディフェンダーのジョンシル先輩が「あっれ〜、ホンビ、どうしたの？」とびっくり仰天していた。驚いたのはこちらも同じで、ジョンシル先輩がその店にいるとは夢にも思わなかったのだ。「そういう先輩こそ、どうしたんですか？」と聞き返そうとしてすぐにハッとした。どこに行くかも知らないままついてきたこの店は、かの有名な、あまりに噂を聞かされすぎてほとんど聖地巡礼レベルで詣でるべき場所に思えていた〈ジョンシル先輩の店〉だったのである。

この店は我がチームを語る上で欠かせない場所だ。みんな何かしらのかたちで一度は関わっている。年に数十の新しい店が現れ、同じだけ姿を消していくこの繁華街にあって、五年以上堂々と営業を続けている驚異的な店でもある。さしておいしいものを出すわけでもない、どこかの段階で政府がイザカヤ開業マストアイテムに指定したんでは？ と思うほどありがちアイテムであるマンガ『ワンピース』のフィギアが並び、招き猫がカウンターでカタカタ手を揺らす、どこにでもありそうな店にもかかわらずだ。料理やインテリア小物を通じた自己主張が皆無の店、とでもいえばいいだろうか。にもかかわらずずっと客が途切れないのはひとえにジョ

＊1　つぶ貝。
＊2　韓国では、赤提灯や桜の造花を飾った日本風の居酒屋を日本語の発音のまま呼んでいる。

ンシル先輩の、ジョンシル先輩にしかできない、あまりにも彼女らしいマーケティングの力という以外、説明のしようがない。

五十代間近のジョンシル先輩は、あまりにも平凡かつ標準的な彼女の店とはだいぶ違い、あらゆることが規格外の人物である。背が大きくてガタイがしっかりしているし、顔立ちも派手なうえに声も大きく、身振りも大仰で感情的なリアクションも大げさ。以前メンバーでプリントを回していて、私が紙で指をチラッと切ったことがあった。たまたますぐ隣にいてそれを見ていたジョンシル先輩が仰天して「大変、ホンビ！　大丈夫っ？　手が大変！　病院に行かなくていい？　今すぐ一緒に行こっか？」とダダダダ〜と叫んだので、実はすごく大ケガなのに自分が気づいていないのだろうかと指を二度見してしまったほどだった（短い糸が一本ひっついた程度に皮膚が少し盛り上がっていただけで、血は一滴も出ていなかった）。

ついさっきもそうだ。私の前のスナック皿がからっぽなのを見て「うっそ〜！　ホンビ、これってていつから空だったの？　えっ？　ええっ、ユンジャ先輩っ！　ホンビのスナックがないってば！　なんで足してあげないのよ？　先輩、ホンビのことが憎いの？」と、カウンターにいたチームのメンバー、ユンジャ先輩に間髪入れず叫び、「また何言ってんだか。なんであたしがホンビを憎まなきゃなんないのよ」とユンジャ先輩にあきれ顔で言われてもどこふく風、今度はすぐ脇の誰かの何とかという映画を見そびれたという話に「ええっ？　あの映画をまだ見てないですって？　あっきれた、あんた昨日生まれたばっかりなの？　ありえない〜！　絶対それヤバいって！」と、何か大罪を犯した者を見るような表情でダダダダ〜っと言って去っていく。そういう性格の先輩が十一年サッカーに夢中なのだ。どれほどの情熱かは想像にかたくないだろう。

先輩の店の周辺には、うちのチームとシニアチーム以外に一五の男子チームがある。サッカーをする男性が多いとは思っていたが、こんな狭い地域にチームが一五もあるというのは少し不思議だった。もっと不思議だったのは、女子チームに所属していても、ある程度体力と実力があれば交渉によっては男子チームでプレーすることができ、実際、多くのメンバーがそうしていることだった。聞けば我がチームの二二人中、男子チームにも同時加入している人は一〇人に上るという。練習の時間帯が重ならないチームを探し、とにかく一回でも多くサッカーをしようとしているのだ。はじめにそれを知ったときはみんなすごいと感嘆したが、ジョンシル先輩が四チームに同時加入していると聞いたときは驚く前に納得してしまった。あ〜、ありうるよな。ジョンシル先輩だもん。

この圧倒的な数字以外に、実は先輩の活動にはもう一つ恐るべき点があった。それは二か月おきにチームを転々としていることだ。チームプレーを重視するサッカーで、そんなふうに渡り歩くスタイルはなかなか難しいはずなのだが、男子チームにとって女子選手はいわばバンドのゲストボーカリストみたいな存在だから、そんなやり方を問題視する人はいなかった。

むしろ、そんなやり方がいつまで続くかと疑問視する人のほうが多かった。毎回新しいメンバーと、新しいサッカー場で、新たに適応していくことは、ものすごく面倒くさくて煩わしいことだからだ。だが先輩はこなしている。いまも三チームか四チームに並行して加入し、それぞれカラーの異なる一五チームを渡り歩きながら、一週間ぶっ通しでサッカー場に暮らしているみたいな状態だ。驚きである。だがもっと驚くべきことが残っていた。先輩がそんな行動をとるに至った真の理由と、その結果物だ。

一〇で割ればそれが正解

ジョンシル先輩のように積極的で、すぐれて社交的な人ならば、一つのチームでほんの一か月一緒にサッカーするだけですぐに親しくなれるだろう。するとどうなるか？ そう！ そこのチームのメンバーは、先輩の店のお客さんになるのです。一緒にサッカーをしている間はもちろん、先輩が別のチームに移ってからも、試合が終わって何か食べようとなるたびに「ジョンシル姉さんの店に行く？」というセリフが自然に口をついて出る空気ができるのだ。もしよその店に行くつもりだったとしても、地域のサッカーチームの練習スケジュールにきわめて詳しく、しかも「ちょっとあんたたち、なんで昨日顔出さなかったのよ」とダイレクトに斬りこめるキャラクターまで兼ね備えた先輩の顔が頭に浮かぶから、よほどのことがないかぎり「いいからだまってあそこ行っとこう」と意志統一が図られる。

一五チームというのは到底バカにできない数字だ。サッカーが終わったら飲み食いしよう、少なくとも食事だけはしようという頭数が、最低一二人ずつとしても一五×一二＝一八〇、毎週一八〇人をフィックスで確保できる計算である。おまけにその一八〇人はただの一八〇人ではない。激しい運動をした直後で、空腹と酒への欲求がピークに達した、目の前に出されたものをきれいさっぱり平らげる準備万端の、アドレナリン飽和状態の成人男子一八〇人なのである。

彼らのために、先輩はあるときはサムギョプサルを焼き、またあるときはクァメギ*を切って来たりもし、またまたあるときは大皿のビビンパプを混ぜてとりわけと、顧客管理に余念がなかった（店に残ったイザカヤの証は、いまや『ワンピース』のフィギュアと招き猫だけみたいなものだ）。そんなふうに何度か行くうちに、普段もなんとなく一度ぐらい足が向くようになるのが人情というもの。だから先輩の店には、サッカーの練習がない日でもサッカーチームの人が必ず三、四人はいるという。

これこそ、月並みなあの店があんな繁華街でサッカーゴールみたいにどっしり構えていられる秘訣なのである。右に出る者の見事にいない、ずばぬけたサッカーマーケティングの世界。ありあまるバイタリティとサッカーへの情熱と利潤追求の欲が交差する地点を、ここまで上手に見つけだすとは。私はいま、そんな壮大な仕掛けの店、「世界にサッカーが不可欠な理由」そのものであるような店で、四次会を楽しんでいるというわけだ。

そうした成功を良く思う人ばかりではなかった。サッカーチームのメンバーを単なる「お客」としか見ていなくて不誠実だと言う人もいたし、そういう言葉の後にはよく「人として到

＊　ニシンやサンマを寒干ししたもの。

底信用できない」「嘘が多い」という陰口が続いた。私にまでこっそりそんなことをささやき、先輩には気をつけろと言う人もいた。面白いことに、チームでの私の立ち位置はピラミッドでいえば一番下の段、しかも隅も隅だろうに、むしろそういうポジションだからこそ見えてくる素顔がある。利害関係で必ずしもよく思われる必要のない私を前にすると、瞬間的に気が緩むのだろう。そして、そういう素顔の部分で最も裏表のない人物こそ、ジョンシル先輩だった。

彼女が人に、あるいは世の中に反応する方法は、かけ算に近いのだと思う。一に一〇をかけて一〇と言う誇張はあっても、ゼロに一〇をかけたらゼロなわけで、ゼロのものを一〇にする誇張はない。つまり、一つの誠意を一〇で表しはしても、そもそもない誠意をあるフリはしないということだ。計算の方法がわかったら、後は一〇で割ってみればいい。一〇で割って出た答えを信頼すればいい。もちろん、いくら一〇で割って聞いたとしても、スナックを足すのが多少遅くなったぐらいの理由で「先輩、ホンビのことが憎いの?」は言いすぎですけどね、チャ・ジョンシルさん!

ひょっとしたら私がその言葉を真に受けて誤解するのではないかと、「いや、そうじゃなくて、向こうのテーブルの注文を入力するのに忙しかったんだって。私がどれだけホンビのこと好きだと思ってんのよ!」とわざわざ説明しながら、あたしはあんたのことこんくらい好きなんだからねと必死にアピールしていることがわかるくらいにどっさりスナックを足してくれるのが、うちのチームの主力センターバック、ユンジャ先輩だ。ユンジャ先輩と、私のすぐ向かいに座るミナ先輩は、十一年間ジョンシル先輩と一緒にサッカーをしてきた友人同士である。

ユンジャ先輩は五十代はじめ、ミナ先輩は四十代半ばで、ジョンシル先輩とは対照的に小柄でおとなしくて物静かな性格だが（もちろん、怒ったらジョンシル先輩と同じ状態になる）サッカーへの愛情はジョンシル先輩に劣らない。

そして、この店への愛情もジョンシル先輩には劣らないらしい。店が忙しいときたまに手伝いにきていたはずが今ではほとんど店長状態で、週三〇時間近く働いている。いいかげん二人を正式に雇い、きっちり月給を払ったらどうかとも思うが、もしも誰かがそんなことをちょっとでも言おうものなら、まず二人の先輩のほうから「友達同士でなにを水くさい！　お金が欲しくてやってんじゃないからさ」とパッと話を打ち切ってしまう。親しい男子チームの監督の娘がアルバイト先を探していると聞いたジョンシル先輩が、自分の店に来てもらおうかとユンジャ先輩とミナ先輩に相談したときも、自分たちがちゃんとやっているのになぜわざわざ人件費をかける必要があるのかと二人に精一杯止められたらしい。

たしかに、去年ジョンシル先輩が例外的にアルバイト学生二人を採用したときも、二人の先輩は相変わらず、かわりばんこに、しょっちゅう、店に出ていた。ひょっとしたらこの先輩たちにとって、店はテレビのチャンネルのようなものなのかもしれない。絶対見たい番組があるわけではないけれど、見なきゃ見ないで何か面白いものを見逃しそうな気になる。実際、つけっぱなしにしておくと面白い何かが現れるらしい。自分たちが早く帰った晩にどこかのチームの誰かが来て楽しく盛り上がったという話を耳にすると、二人はまるで試合に負けたときのように（ひょっとしたらそれよりもっと？）くやしがったものだ。そういう状態が続く限り、この店にアルバイトが採用されないことは明らかだった。

中年トリオと若者トリオ

この店の最後のアルバイトだった二人も、いまこの場にいた。チームのエース、スンウォンと「あの有名な映画を見ていなくて大罪を犯した」グンミだ。ジョンシル、ユンジャ、ミナの中年トリオ同様、スンウォンとグンミ、それに二人をチームに連れてきたジギョンの三人も、一五年間一緒にサッカーをしている、九〇年生まれ、同い年の友人同士である。小学校から高校までは同じ学校に通い、大学とプロリーグでは別のチームでライバルだったこともあるが、一、二年違いで引退してからはうちのチームで再び一緒にプレーをするようになった（この三人にキャプテンを加えた四人こそチームの「選出」だ）。

スンウォンとグンミがジョンシル先輩の店でアルバイトをしていたのは引退後で、スンウォンは膝の軟骨を、グンミは十字靭帯を、それぞれリハビリしながら指導者資格試験の準備をしていた。短期間仕事ができる場所を探していたとき、それを聞いたジョンシル先輩が二人を誘ったのだ。そういう事情だったから、ユンジャ先輩、ミナ先輩もジョンシル先輩の邪魔をせず、その四か月の間に年齢差二十歳以上の中年トリオと若者トリオはぐっと近しくなった。

両トリオが試合で一緒にプレーしているのを見ると、やはり長いあいだ呼吸を合わせてきた人たちはどこか違うと思わされる。特にウォールパスのように、お互いのサイン、パスの強弱、タイミングをあきれるほどぴったり合わせる必要があるコンビプレーとなるとまったくレベルが違う。

ウォールパスとは、パスを受ける人が「壁」の役割をすることからついた名前である。このプレーが役に立つのは、たとえば次のようなシチュエーションだ。ボールを持っているA地点から、得点やアシストに有利なB地点へと移動したい。だが一人でドリブルしてディフェンスを突破するのは無理。そこで、別の安全なC地点にいる仲間にパスを出して素早くB地点に移動する。C地点でボールを受けたメンバー（「壁」役のメンバー）は、こちらの走るスピードに合わせて再度足元にパスを出す。そのパスを受け取って、当初目指していたB地点へボールと一緒に移動できることになるのだ。つまり、ウォールパスはA地点からB地点へのボールの移動方法を探ったもの。直線で突破するのが不可能なとき、Cという第三の空間をもうけてボールを移動させるのである。第三の空間に立つ、仲間の力を借りて。

チームの試合がもしも一冊の本ならば、二つのトリオがそれぞれにウォールパスで空間を作りだす場面は、ページの角を折って後で何度も読み返したくなる部分だ。心の片隅を弾ませてくれるなにかがある。ジョンシル先輩とユンジャ先輩がパスしながら、ゴール前に走るミナ先輩の足元へぴたりとクロスを出したり、グンミが再びパスしたボールが疾走するスンウォンの足に収まり、そのままシュートにつながったり。足を止めて計算する間もない急展開のなか、相手のスピードと方向にタイミングを合わせきっちりパスを出せるなんて、驚きしかない。まるで彼女たちだけの「内部時計」が一分の狂いもなく動いているようだ。十年を越える歳月に数多くのパスを送りあいながら、知らず知らずのうちに少しずつ少しずつ、体内で合わされてきた時計。

彼女たちがはじめてウォールパスをしたのはいつのことだったのだろう？　十数年後もこうして変わることなくパスを送りあうと、そのとき想像しただろうか？　彼女たちのウォールパスを見るたびに、一緒にボールをやりとりしながら受け渡してきた時間、切り開かれてきた無数の第三の空間に思いをはせてしまう。彼女たちだけの時空間はきっと、彼女たちだけの宇宙なのだ。

第三の空間の第三の空間にも時計はあるから

最近、その宇宙のうちの一つに怪しい兆候が見えていた。その理由を、二次会からずっと隣にいたスンウォンに教えてもらった。彼女と私は家が同じ方向で、二人とも大体直帰するタイプだったので、帰宅友達として親しかった。

最近スンウォンは、進路が別々になったせいで微妙な空気が生まれつつあるグンミ、ジギョンとの関係に悩んでいた。数か月前、スンウォンは三人でやっていた子供サッカー教室のコーチを辞め、青少年心理カウンセラーの資格を取る準備を始めた。いつも三人一緒だった時間から、スンウォンだけが飛び出した。生活が変われば一日を占める出来事が変わり、明日の悩みも変わり、共有できない情報が生まれ、聞きなれない用語が増える。そんなことが少しずつ積み重なっていくなかで、ちょっと前にグンミと大ゲンカになった。仲直りはしたものの、ずっと気まずい状態が続いているという。どういうわけかジギョンもグンミの肩ばかり持っている気がすると。

「そんなはずないとは思ってるんですけど。ずっとこういう気持ちでいるせいか、こないだの試合から二人とも私にちゃんとパス出してくれてない気がして。そう思っちゃう自分がすごい情けないし、嫌だし」

サッカーチームに入って面白いことに気がついた。サッカー人は、関係が怪しくなると真っ先にパスに敏感になるのだ。ついさっきの三次会でも、総務先輩が「キャプテンが明らかにあたしに怒ってるらしいんだけど、理由がわかんないの。聞くと口では、まったくそんなことないって言うんだけど……。ああ、気になる」と親しい選手数人に打ち明け、なぜそう思うのかという誰かの問いにはこう答えていた。

「あの子、最近私にちゃんとパス出してくれないんだもん。今日はなんかのはずみでパスくれることはくれたけど、微妙に受けづらいのを出してる気がするし」

もちろん、それが事実か誤解かはキャプテン以外誰にもわからない。

中年トリオも同じだ。彼女たちも常に平和なわけではなく、一度ギクシャクすると二度と会うもんかぐらいの激しいケンカになる。パターンはいつも似たりよったりだ。ユンジャ先輩が「この年であんたのこと社長様って持ち上げたくないから、お金ももらわず対等な立場で手伝ってんのに、なんでそうしょっちゅう目下の人間でもこき使うみたいにあれこれ命令すんのさ。社長さんごっこして偉そうにしたかったら、お金くらい払いなよ」と浴びせかけ、それにジョンシル先輩が「誰が手伝ってって言った？　イヤだったら来ないでよ。来るんだったらお客で来て、お金払ってから楽しんでくれる？　今みたいに、仕事しながらおつまみもお酒も勝手に全部好き放題で楽しまないでさあ」と応戦する。そんな冷戦状態で練習試合をすれば、間違いなくパスを出す、出さない、わざとヘンなパス出した、と、これまたケンカになるだろう。そのあたりについて、いつだったか先輩方はこう言っていた。

「それは、憎たらしいからパス出すもんかとか、これでもくらえとか、そんな子供っぽいことじゃなくて、とりあえずはちゃんと目を合わせられないからなのよ。ほんのチラッとでもアイコンタクトしてるから、パスをやりとりする準備ができるでしょ？　それが目を合わせる段階からどうしてもいつもと変わってきちゃうからね」

「アイコンタクトできててても問題でさ。間違いなくいつも通りいいパス出したつもりだよ。でも気持ちがひねくれてるから、キックしたって思っててもボールがひねくれたほうに行っちゃう。やたらに力が入る感じでね。そうすると今度は、わざと受けづらいパス出したと思われたんじゃないかって気になるし」

「だよね、それはすごい気になる。でも、本当はユンジャ先輩、これでもくらえって思ってパス出してるときあるでしょ？　あるじゃん」

「そういうときも、そりゃあねえ。うほほほ。でもホントにこの前のは外れただけなんだってば。ほらね、こうやって誤解してくんだよ！」

パスよ！　本当にこの微妙な、パスの世界。『十二種類の記号で読む大韓民国サッカー』（キム・ヨンジンほか著、木と森、二〇一六年、未邦訳）という本にはこんな一節がある。「選手たちは数百人との人間関係を背負ってプレイ」しており、サッカーの試合を作り出しているのは「試合出場前までに存在していた無数の関係からくる〈葛藤〉だ。したがって試合内容は、その試合に関わった多くの関係を読み解く端緒なのである」。選手達もそれが本能的にわかっているから、人間関係の異常を知らせる信号をキャッチすると、特にパスに敏感になるのかもしれない。つまり、一般人にとっての「言葉」に当たるものが、サッカー人にとっては「パス」なのではないだろうか？　〝ケンカして口もきかない〟という表現の代わりに「ケンカしてパスも出さない」、「ケンカしてひどいパスを出す」となるあたりからして。

若者トリオがどれだけお互いを大切に思っているかわかるだけに、スンウォンの話は少し切なかった。彼女の言う通り、グンミとジギョンが前のようなパスを出していないのは事実かもしれない。だがひょっとすると彼女たちは、スンウォンのパスのほうが先に変わったと思っているんじゃないだろうか。グンミとジギョンも、スンウォンと同じくらいこの状況に戸惑い、苦い思いを抱いているのではないか。小学校からずっと三人で一緒に歩み、これからもそれがあたりまえだと思っていた道が、はじめて別々になったのだ。いつも第三の空間で力を貸してくれていたスンウォンが、突然それまでになかった別れ道を作り、まったく別の第三の空間、自分たちが知らないことだらけの空間に行ってしまったのだから。

でも、いつまでも同じ道だけを歩いては行けないよね？　もしかしたらいまのこの時間が、これまでの二十年を整理し、これから彼女たちの前に広がる二百年〈ジョンシル先輩のかけ算をちょっと借りてみた〉をともに楽しく過ごす新しい空間を切り開いてくれるかもしれない。〈同じだから〉ではなく〈違っていても〉、一緒にいられる関係への跳躍。今までとはまったく違うやり方のウォールパスが求められる場所。どうか一緒にうまく乗り越えて、中年トリオになってくれますように。足を止めてしまうには、あるいは失ってしまうには、君たちのウォールパスはもったいなさすぎるから。

そんなわけで、入団以来はじめて四次会までがんばってくたびれてしまった。奥では何か問題でもあったのか、ジョンシル、ユンジャ、ミナ先輩が眉間いっぱいに皺を寄せて伝票をのぞき込んでいる。こちらではスンウォンがグンミの目にアイラインをいたずら書きし、それをジギョンがキャッキャッ言いながら見守っている。そんなよく気のあう仲間たちの姿を眺めながら人のパスの心配をして座っている私を見たら、いつかの木彫りじいさんが大笑いするだろう。パス。私のサッカー人生に立ちはだかる巨大な壁。誰かさんはウォールパスをやっているのに、私の場合パスそのものがウォールなんだもんな。

いつのまにかお開きになり、みんな帰り支度をしていた。別れの挨拶をして背を向けると、後ろからハツラツとした声が響きわたった。

「ホンビ〜、あんた、珍しく遅くまでいてくれて、すんごいうれしかったからね。ねえ、これからもいっぱい遊ぼ。次は五次、六次、十次、十二次くらいまでやろうね〜！」

誰の挨拶かは、言わないでおこう。

オーバーラップ

どうしてここまで、気がつけばそこまで

エースが倒れて起きたこと

前半から不穏だったが、とうとう後半終了四分前、スンウォンは顔を手で覆ってのたうち回った。うちのチームの選手も驚いたし相手チームの選手も驚いていたが、誰より動転していたのはキャプテンだった。ディフェンスの最終ラインからスンウォンの倒れるハーフウェイラインまで一気に駆けてきて、そのあいだも相手チームの9番に吠えていた。

「センパイ、殺すつもりですか? なんでボール持ってないヤツをやたらにぶっとばすんだよ?」

「わざとじゃないのよ。あたしも止まろうとしたんだけど……」

「どこがわざとじゃないのさ! 今日一日、あんたとあの子、ずっとうちのメンバーを押したり蹴ったりしてたじゃないのよ！」

ジョンシル先輩の激しい声がピッチの上に響きわたり、みんなの声に蓋をした。

相手のFCペニーは、この日に限ってやたらと荒っぽかった。一番よく練習試合をしているからプレースタイルはよくわかっているが、いつもにくらべ明らかに体をぶつけにきているし、危険なタックルも多い。後半開始直後もそうだった。ジョンシル先輩が「あの子」と呼んだ選手にジギョンが足をかけられて転び、そのためしばし試合は中断した。そして再開からさほど経たないうちに、また事が起きたのである。

ピッチの外でリフティングの練習をしていた私の目にも、正直今のがわざとだとは思えなかった。スンウォンに近づいた9番の目つきや身振りに特別邪悪な意図はうかがえなかったし、むしろ加速度がついてどうにもできないなか、体をひねってなんとか回避しようという感じだった。結局衝突は避けられなかったけれど、9番だってかなり痛かったろう。さっきからずっと、ぶつけたらしい前歯を動かしてみたり、口をかばったりしている。

幸いスンウォンは眉の上がチラッと切れただけだった（ピッチの上では、筋肉、腱、骨、軟骨のケガでなければとりあえず「幸い」扱いになる）。そろそろ一件落着かなと思ったが、戻ろうとしたキャプテンがスンウォンの手の甲についた血の跡を発見してしまった。血が出ていると思わずに傷口をこすったらしい。険悪な空気の中でのエースの数滴の血は、消えかかっていた火に油を注ぐのに十分だった。キャプテンは再び「ったぐよぉ！」と叫びながらメラメラ怒りの炎を燃え上がらせ、再び空気が熱を帯びる。

「試合中のケガは毎度のことなのに、なんでいちいちケチつけてくんのよ、今日にかぎって」

「これだけじゃないでしょうが。おたくら、今日一日ずっと汚いプレーばっかじゃん！」

「いいかげん騒ぐのやめなよ。ケガしたのはスンウォンだけ？　うちのジョンヒだって口をケガしてんだよ！」

「ああ、さようですか？　だったらそっちが口閉じてたら」

「なによそれ？　なんなの、この人たち」

四十代のお姉様方が険悪な表情でこんな幼稚園児レベルの言いあいをしてるのを見て、笑うべきか泣くべきかよくわからないでいるあいだも、当のスンウォンと９番は互いのケガを確かめては気づかう言葉をかけあっていた。スンウォンの眉の上を切った９番の前歯は「幸い」折れてはいなかったがややグラついているらしく、このあいだに上唇がみるみる腫れてきていた。

その光景に、私は少し９番に好感を持った。実際、さっきのようにぶつかった相手が倒れて転げまわる状況になったとき、プロでもアマチュアでも一番やりがちな、つまり多くの選手が選びがちな選択肢は、自分も一緒に悲鳴や呻《うめ》き声を上げて倒れ、転がりまくるというやつだ。こちらに非がある状況ならますますそうである。倒れて転がっていれば、こちら目がけて飛んでくるであろう非難の矢を仁王立ちですべて受け止める必要もないし、若干の同情票も得られ、試合中合法的に横になって休憩することもできる。少なくとも、倒れた選手の脇にぼんやりと立っている気まずい状況は避けられるのだ！

ところが９番はいばらの道を選んだ。表情や行動の中途半端な感じからして、勇気をもってその道を選択したというよりは、本当は寝っ転がってしまいたかったのにそうするタイミングを逸しちゃったというふうではあったけれど。だからといってスンウォンにサッと駆けより、「大丈夫?」と聞く(「私、今、ものすごく心配してます」というメッセージを派手にアピールし、モラル上有利なポジションを確保できる)かというとそうでもなく、でもスンウォンの様子は気になるからそばを離れることもできず(集まってきた人に一言ずつ罵倒されるにはもってこいのポジションである)、自分だって相当痛いのに痛いと言い出せず……。

つまり、いくつか自己防衛するポイントはあったのに何一つしていない。このセンパイ、よくわかんないけど、なんとなくどっか要領が悪くて損する性格らしいぞ。私、この手のタイプにめちゃくちゃ弱いんだよなあ……。しかしいま私にできることといえば、ベンチへ戻ろうとする9番の背中に向かって「来週大会があるのわかってて、わざとあの子をケガさせようとしたんすか?」と、さらにケンカをふっかけようとするキャプテンを無理やり引きずるようにしてベンチに連れ戻すことぐらいだった。

キャプテンの言う通り、来週、大きな大会が控えていた。それにFCペニーも出場する。だからみんなこんなふうにピリピリしているのだ。いつもより目立って手荒なプレーが増え、わざとのはずがないファウルもそう見えてしまうくらい。うちのチームは毎年大小あわせて二、四の大会に出場しているが、なかでも来週の大会は特に重要らしかった。対戦相手が発表されてから、チームの雰囲気がハッキリ変わったのだ。今日FCペニーの前に練習試合をしたシニアチームの選手も「お前さんたち、そろそろ大会が近いんだろ?」と顔色をうかがいつつ聞いてくるほどに。

市が立つ日の呪文、バルダルブンガ

二週間前、対戦相手の抽選があった。練習後に抽選結果を聞かされたメンバーは、その場で五分間、気でもふれたみたいに笑いころげた。あまりにあきれ果てて。監督がトーナメント初戦の相手に引き当ててきたのは、一昨年、昨年と二年連続優勝をかざっているFCマリケだったからだ。チームは二六もあるのに、そのなかからなぜ、よりによってそのチームを。

人生で笑うことを許された最後の時間のごとくひとしきりお腹を抱えて笑いおわると、次第に先輩たちの顔から笑みが消え、一つ、二つと焦燥感がにじみはじめた。監督は、自らの運気がもたらした惨憺たる結果を少しでもやわらげようと「どうせ優勝しようと思ったら、いつかは当たる相手でしょ?」と言ったが、「どうせウチら、優勝するつもりないチームっすよね?」と一本とられると、「だよねえ……」と苦笑いして「あ、じゃあボク、次のクラスがあるもんで、このへんで…」とそそくさと姿を消した。ここ数年クジ運の良さでは追随を許さなかったのに、なんで今年は最初からこんな日に、と誰かが愚痴を言い、ジギョンが「去年と違うところといえば、ホンビさんが入部したことだけですよう。ホンビさんのせいじゃないですか?」と冗談めかし、その冗談を渡りに船とばかりに先輩数人が「そうだ! ホンビの責任だ!」「確かにこれはもう、ホンビのせいってことにして」と、どん底まで落ち込んだ空気を何とかしようとがんばったが、無駄だった。

そもそも新人というのはこういうピンチのとき、雰囲気を変えるための軽くて悪気のないジョークのネタにされるものだ。それは重々わかっていたのだが、正直ギクッとした。他でもない、私には思い立って何かしようとすると必ず残念な結果になる、別名「市の日の法則」[*1]が実際に存在するからである。スーパーで私のほしいものだけが品切れなのは日常茶飯事だし、わざわざ機会を作って出かけたレストランが「個人的な事情で本日だけお休みます」と臨時休業の貼り紙を出していたなんてことは友人のあいだでは話題にもならない。好きなお菓子は数年で生産中止、好きなアイドルは最短期間で解散、Kリーグのお気に入りのチームのユニフォームに好きな選手の名前と背番号を入れれば、翌年その選手はチームからサヨナラ、という具合だった。

究極は二〇一四年、新婚旅行先をアイスランドに決め、すべての手配を終えた後のことである。とんでもないニュースが飛び込んできた。アイスランドのバルダルブンガ山（この聞きなれない名前を永遠に忘れないだろう）に大規模噴火の兆しがあり、高い確率で私たちの予約日を含むその月じゅうに噴火するという話だった。住民と観光客一〇〇人が避難し、航空業界警戒レベルで最大の「赤」の警報が出された。第二次世界大戦（！）以降最大規模の空域が閉鎖となった二〇一〇年のヨーロッパの交通麻痺を思い出せば（そのときも原因はアイスランドの火山の爆発だった）、新婚旅行は難しそうだった。

火山の国アイスランドで最大の、一九一〇年以来噴火していなかった火山が急に一〇四年ぶりに、しかも、一度結婚でもしようかなぐらいの気持ちでなんとなく決めた日取りのあたりに再噴火の兆しを見せるとは。信じられないニュースに、毎日毎日アイスランドの航空運行情報サイトをチェックしながら、そのはるか遠い国の火山の状態を世界の地質学者たちの次に注視し、世界の地質学科一年一学期の学生程度には噴火時期の予測について勉強した。友人たちは「あんた、とうとう火山まで動かしたね」「ヨッ、このマグマ女。ｗｗｗ」とかいったメールをよこした。幸い（？）、新婚旅行の出発前に火山は噴火し、規模も人命が失われたり旅行に影響が及ぶほどではなかったから無事旅行してきたわけだが、そこまでくると本気で「愚公、（火）山を移す」[*2]レベルである。だから、メンバーに「今度の対戦相手って、もしかしてホンビのせいじゃない？」と多分にオカルトチックな冗談を口にされると、ほんのほんの少しだけ複雑な気持ちになるのだ。

おまけに、チームはつい先週、昨年三位だったチームと練習試合をして、それでなくても「ボロボロ」になったばかりだった。２‐７。メンバーは大きなショックを受け、さらにプライドが傷ついた。そんなタイミングだったから、すでに不戦勝を引き当て次の大会のベスト16入りが決まっている、だから余計ムカつくＦＣペニーとケンカを繰り広げることになったの

＊１　韓国のことわざで「行く日が市の日」より。「出向いた日があいにく市の立つ日で思った通りにならなかった」という意味で、せっかく何かしたのに予想外の結果に終わることを指す。

＊２　中国の故事成語。老人「愚公」が、自分の住む山を動かしたいと神に願い努力を重ねたところ、実際に願いが聞き入れられ山が動いたとの故事から、努力すればどんなことも成功できる、の意。

だった。

そのケンカはだんだんヒートアップしてバルダルブンガ火山のごとく爆発、ついには「スンウォンがいたってていなくたって、どうせあんたらのレベルじゃFCマリケにボロ負けだよ」「まあね。おたくらみたいなクソサッカーする連中といつもやってたから、そうなっちゃったんだろ。レベル以下のチームとは二度とやんないことにするわ」という泥仕合となり、ついには両チームのキャプテン二人が揃ってスケジュール帳を持ち出し、来月まで決まっていた練習試合の日程をすべて白紙にする事態となって終わった。試合時間がまだ四分残っていたことは誰も気にしておらず（審判をしてくれていたシニアチームのコーチのおじいさんは、とっとと自分のチームに戻ってバッグを手にしていた）、みんな荷物をまとめて散っていった。

テンジャンチゲと豚肉の甘辛炒めのランチの時間。先輩数人が「だけどあそことはけっこう長いつきあいだよね」と感傷にひたっていたが、それも一瞬のこと、酒が回るとFCペニーへの激しい非難が後を絶たなかった。ここ数年FCペニーとの練習試合でどんな負傷があったかがすぐさま年代別に整理され、FCペニーの手荒なファウルに関する情報提供が後を断たず、去年いくつかの大会で自分たちがベスト4入りの壁を突破できなかったこともFCペニーのぬるくてレベルの低いディフェンスにならされてプレッシャーの強いチームに対応できなかったせい、何日か前の2－7の惨事もFCペニーのせい、今回の対戦相手を決めるクジ運もFCペニーみたいな悪運の強いチームに振り回されているせい、とスッキリ片づけられた。この勢いなら総務先輩の子供たちの成績低下も、ジョンシル先輩の店の売上減少も、あきらかにFCペニーのせいのはず。それが事実であろうがなかろうが（まだ、キム・ホンビのせいで火山爆発、のほうがずっと信ぴょう性があるくらいだが）そう結論が出された以上、FCペニーとの呪いを断つためにも、必ずやFCマリケを破ってベスト16入りを果たさなければ、ということでみんな意見が一致した。とはいえ可能だろうか？　二年連続チャンピオンを相手に？

名監督の名作戦、攻撃と守備をがんばろう！

試合当日の朝。雨が降ることを内心期待していたが（どうせ力の差があるのなら、弱いチームとしては「雨」という変数に頼るのも悪くない）どんより曇り空だった。出場選手は本部席に行って選手登録をし、そうでない選手はスタンドの片隅に荷物を運ぶ。みんな、低い雲が垂れこめた空と同じ、鉛色の表情だった。ある程度荷物の整理が終わると、監督が選手たちを集めてポジションを発表した。

「向こうのほうがすごいところがあるとすれば、選出がうちよりも二人多いってところだけです。でも、その二人の存在がアマチュアの試合でどれほど大きいか。わかりますよね？　攻撃力がこっちの四倍あるってことですわ、四倍。それをどう守るかが今日の試合のカギ。もちろん、攻撃もしっかりやってもらわないとダメです。いいですね？　さ、じゃあがんばっていきましょう！」

終わり？　要約すると単純に「守備もがんばれ、攻撃もがんばろう」ってことじゃ？　作戦があまりにあっけらかんとしすぎではないかと思っていると、幸いキャプテンが選出のスンウォン、ジギョンを改めて呼び（グンミは家の事情で今回は欠場だった）、なにやらこそこそ打ち合わせを始めた。つまるところ、アマチュアの試合は選出の力量の戦いなのだ。現役時代のポジションがどこであれ、選出は守備も攻撃も、やむをえずゴールキーパーをしたときもケタ外れに上手い。だからこそ守備と攻撃の両方で選出を最大限に活用しなければならないのだが、そういうときよくとられる戦術がオーバーラップである。

オーバーラップとは後方に配置されたディフェンダーが前方のスペースに走り込んで攻撃に加わることを指す。簡単に言えば、ディフェンダーがいっときフォワードになるのだ。実力も運動量もともに勝る選出は、フォワードに固定しておくより基本はディフェンダーにして、状況に応じ攻撃に加われるようにしておくほうがはるかにチームの戦力になる。監督のあっけらかん作戦「守備もがんばれ、攻撃もがんばろう」は、まさにオーバーラップ精神の具現なのだ！（もちろん、監督がそれを意図していたはずは絶対にないが）。

「あんたたち、いい場所とってんじゃん？　ちょっとここ、座らせてもらうよ」

スタンドが騒がしいなと思ったら、十人ほどの女たちがどやどやとやってきて腰を下ろし始めている。ん？　誰だっけ？　ユニフォーム姿ではなく私服だったから気づくのに数秒かかったが、あっ、わかった！　ＦＣペニーの選手だ。そしてあの、腫れあがった上唇は！

「あいつらいったい何しに来たんだ？　ちょっと！　あんたらどういうつもりだよ？　そんなに土曜ヒマなのか？」

呆れ顔のキャプテンがスタンドへと声を張り上げた。

「何しに来たかって？　そっちがボロ負けするの見て笑いに来たに決まってるじゃないよ。見逃すのは惜しいからね」

「あんだって？」とキャプテンが目を怒らせたところで、集合を告げる審判のホイッスルが鳴った。

「悔しかったらがんばってちょうだい。早く行きなって。審判が呼んでるでしょ」

うちのチームの選手たちは憎しみのこもった目でにらみつけ、ピッチへ向かった。FCペニーの選手はニタニタし、うちのチームの荷物からおやつのビックパイ*の大箱を勝手に持っていってみんなで分け始めた。

「厚かましいヤツらめ……」

内腿のケガで今大会は応援に回っているエース、ミッドフィルダーのオ・ジュヨンが隣でぼそっと言った。そんなざわざわしたなかホイッスルが鳴り、試合が始まった。

開始五分でわかった。FCマリケは強い。本当に強い。こんな、巨大な波のようなチームは初めてだ。波にさらされるたび、うちのメンバーは体力と気力を削りとられていく。元韓国代表だという5番と9番が両サイドからオーバーラップで引っかき回しにくるとお手上げだった。最後方のディフェンダー21番は、気がつけばあっという間に上がってきていて、ものすごい勢

＊　いちごジャムを挟んだビスケットをチョコレートでコーティングした、クラウン製菓の庶民的なお菓子。

いでシュートを打つ。フォワードと5番、9番に全神経を集中させているためにディフェンダーの存在が一瞬頭から抜け、その隙をついて上がってくるのだ。前半は二ゴールを決められた。実際、二ゴールで止められただけでもよくやったと思う。

ハーフタイム。みんなすっかり意気消沈していた。目がどんよりしている感じやフラフラした様子からして普段の五倍はへばっているようだ。飲み物の蓋を開けて先輩たちに渡し、痛々しく思いながら眺めていると、FCペニーの選手たちがスタンドを降りてこちらへやってきた。

「フォワードさ、何ビビってんだよ？　なんでいつもどおりにできないの？　ディフェンスはかなりがんばってんだよ。ディフェンス信じてどんどん前に出なきゃ！」

「スンウォン！　あんた、ジョンシル先輩がマークしに行ったら、できたスペースすぐに埋めなきゃ。しょっちゅうガラ空きじゃん」

「ったぐ、うるさいなあ！　なんで呼ばれてもないのにわざわざ来て監督ごっこしてんだよ、監督ごっこをさあ！」

「あぁ、頭来てんだ。だったらもっと気合い入れなって」

「あんたらの話聞いてると、あった気合もどっかに飛んでくんだよ」

向こうで脳天気にビックパイを食べていた監督がサッと口元を拭ってこちらにやってくるまで、両チームはまたもいがみあっていた。だがスタンドで一緒だった私たち補欠選手にはよくわかっていた。前半のあいだ、FCペニーがどれほど怒りを爆発させ、じれったい思いを抱いていたか。最初こそキャッキャキャッキャと騒いでこちらをイラつかせる観戦ぶりだったが、最初のゴールを決められてこちらが失点した瞬間「やだ、なによ。あたしたちの前ではあんなに調子づいてたのに。なんであんな元気がないわけ!」と溜息交じりに悔しさをにじませた。そこからは、ディフェンダーとボールの競り合いをしていたスンウォンが肘鉄をくらって悲鳴とともに転げまわったとき最初にガバッと立ち上がったのも、スンウォンに肘鉄した選手がなんでイエローカードにならないのか、審判ちゃんと見てんのかと大声で抗議したのも、なんとかものにしたフリーキックのチャンスのとき、ボールを蹴るキャプテンの名前を声も枯れよとばかりに叫んでいたのも、すべてFCペニーの選手たちだった。ハーフタイムのあいだ角突き合わせていたが、プレーしていたうちの選手もおそらく全部わかっていたと思う。

後半が始まった。残りのビックパイを探しにFCペニーのキャプテンがこちらに来たので「だけど、こっちが負けていて、悔しそうですね」となにげなく言葉をかけてみた。すると相手はムキになって「ちがうって。オタクらはムカつくし大嫌いなんだよ。でも、同じやられるんだったら私たちにやられなきゃ。よそにやられてんの見るのは、それはそれで頭にくるの。あんたら、なんでよそにコテンパンにされてんのさ。すっかりヘコんじゃって。んっとに、見てらんないわよ。まったく!」と、またカッカカッカし始めるではないか。私は自分の足元に転がっていたビックパイを箱ごと差し出した。

私もするぞ、オーバーラップ

FCマリケは後半も手を抜かなかった。2-0で勝ってるんだし、前半よりはディフェンスを重視しなくなるのではないかと思ったが（それはハーフタイムのとき唯一監督が口にした見立てであり、うちのチームの唯一の希望でもあったのだが……）あいかわらず大胆で鋭い攻撃だ。かといってディフェンスがお留守になるわけでもない。21番はオーバーラップだけでなくディフェンスラインの統率も優れており、たまたまこちらが反撃のチャンスを得てゴールを目指すと、21番の声が届く範囲からディフェンダーが現れて、確実にスペースを埋めていくのだった。

十分も経たないうちに0-4になった。前半での体力の消耗が後半にますますひびいた。だが、みんなあきらめずに奮闘していた。スンウォンは前半で二ゴールを決いた21番をしつこく追い回し、後半じゅうずっと身動きをとれないようにしていたが、ついに足が痙攣して一時退場、その後またピッチに戻った。キャプテンは、それこそ体を宙に投げ出して決定的と思われた二ゴールを防いだ。最年長のジュボク先輩のスライディングタックルはかくれたファインプレーだ。そうして終了まで残り五分かというとき、突然、FCペニーのキャプテンがぱっと立ち上がった。

「ちょっとあんたたち、それでも一ゴールは決めてから負けなさいよ。恥ずかしくないの？あと五点取られてもいいから、一点返して終わろうって！」

声がピッチの上に響きわたった。他のFCペニーの選手も立ち上がり、「そうだ、一点返そう！」と手を叩いて声援を送る。その瞬間、ピッチを覆っていた熱く重苦しい空気に緊張が走り、チームの選手たちの瞳に輝きが宿り、大逆転の幕が上がった、というのはスポーツマンガの世界での話。そういうのはみんな、体力の下支えがあってこそなのだ……。いまメンバーは倒れる寸前で、結局、最後の最後にもう一点入れられた。終了のホイッスルが鳴り、最終スコアは０－５。今大会最初で最後の試合は終了した。それまでだった。

一列に並んで観客席に頭を下げるメンバーに、私は精いっぱい熱く大きな拍手を送った。チラッと隣を見ると、FCペニーの選手たちもなぜか切なげなまなざしで一生懸命拍手している。ああ、FCマリケは本当にすごかった。それに立ち向かったうちのチームもすごかった。これまで目にしたプレーのなかで一番かっこよかった。こういうのが練習試合と公式試合の違いなのだ。

だが、FCマリケがどれほど手ごわい相手だったとしても、この日一番印象に残るオーバーラップは、なにはともあれFCペニーのそれだろう。練習試合では常に私たちにゴールを入れさせないよう立ちはだかっていたディフェンスの選手たちが、今日は私たちと一緒に攻撃の側に回ってくれた。それも、うちのチームのメンバーよりはるかにハデに。いや、そもそも自分のチームの試合でもないのに、土曜の朝っぱらから、一時間以上かかるところまでやってくるってのがオーバー……いやいや、オーバーラップじゃないか。

そして、ちょうどいま私の心の中でも、オーバーラップが始まっていた。サッカーをやっていてはじめて、目標に近いものができた。一生懸命インサイドキックを、アウトサイドドリブルを、ターンを、トラップを、リフティングを練習することだけで満足だった私に、「あそこでやってみたい」、「早く本当の試合に出てみたい」という思いがよぎったのだ。正直、それまでは練習試合であれ公式試合であれ、サッカー歴半年にもならない自分には所属チームのことであっても他人事だった。それがはじめて、あの場所に立つ自分の姿をイメージするようになったのである。

もちろん道は遠い。入団二、三年目でもまだ実力不足で試合に出られていない選手がいるのだから。今のところ彼女たちのほうが私よりはるかに上手だ。つまり、あそこでプレーしたければ最後尾、それも数十歩後ろにやっとこさ立っている私が、全力で数人を追いぬく必要がある。そのプロセス自体が私には壮大なオーバーラップなのだ。うまくなりたい。本当に、うまくなりたい。

試合のあと、FCペニーの選手たちがお昼をおごってくれた。なんと肉だった。店でジュージュー焼けていくサムギョプサルを前に、今日は五次会までいくかと和気あいあいだったが(そこまでいて私は帰宅した)、二次会で行ったビアホールでこの前の練習試合の話になり、また大ゲンカになったのだという。今度こそ本当に二度と会うもんかと先輩たちの鼻息は荒かったが、今日の午前、ウェブサイトのチーム掲示板に一つのお知らせがアップされた。

「六月二十六日十一時、アンナム市でFCペニーのベスト16の試合があるとのこと。応援に参加希望の方はリプをください」

「ナビでみたら一時間四〇分くらいかかるらしいよ」「なんでそんな遠くでやるかな？　面倒くさくて死ぬ」。ブツブツ言うリプが次々に書き込まれていくが、最後はたいがい「参加」で終わっていた。結局半数以上のメンバーが出向くことになった。まったく、つきあいきれませんなあ。私？　もちろん参加だ。９番を応援するために。もっとも、その日に限って私のせいで９番が突然スタメンから外されるとかいうことがなければ、だが。バルダルブンガ山だっておとなしくしてたんだから平気でしょ、きっと。

シミュレーション
フリは嫌だが太陽は熱い

ダイバーになるか、困ったちゃんになるか？

七月に入り、日差しからやわらかさが消えた。せいぜい五分走っただけで汗のしずくが足を伝って落ちるほど蒸し暑い朝。私はピッチの真ん中で、脛《すね》を抱え倒れこんでいた。もうちょっと寝っ転がっていたかったけれど、力を振りしぼって体を起こす。蹴りを入れられた脛のズキズキする痛みより、絶え間なく顔を刺してくる矢のような日差しのほうが耐えられなかった。片足を引きずって元の位置に戻る私の後頭部に、今度はキャプテンの怒声が突き刺さった。

「ホンビ！　平気？　プレーできるよね？　なんでシンガード（脛《すね》あて）持ってこないの？いつ試合に出るかわかんないんだから持ち歩かなきゃ。ったく、困ったちゃんだなあ」

それが単にキャプテンだけの意見でなかったことは前半終了後にわかったのだが、特に

「困ったちゃん」の部分がそうだった。シンガードのせいではない。実際、新人一人がシンガードを持ってきたかどうかなんて大したことか。ケガを心配して？　まっさか。脛なんてもう、それこそ数百、数千と蹴られたことのあるメンバーだから、少し見れば大事《おおごと》でないことはわかったはずだ。だが、蹴られたその瞬間だけはひどく痛いと知っているので、心のなかで「ホンビは一分ぐらいゴロゴロしてるだろう」「これ以上プレーしてたら吐きそうでヤバかったから、ラッキー」と考え、さあ自分たちもひと休み、と思ったその時に私がさっと体を起こしたというわけ。みんな、コーンに乗ったアイスクリームを一舐めもできないうちにボトッと路上に落としたみたいな顔をして、「ホント、困ったちゃん！」と叫んでいる。そう。私は無駄に真面目なのだった。でもそりゃそうでしょ。そんな理由でもっと転がっていろと望まれても困りますよ。メッシ、ネバー、ダイブ（Messi never dive）、知りません？　「ディフェンダーが止めようが止めまいが、ボクは常にゴールを目指しているから転んでる暇なんかない！」と進撃するメッシ。メッシ、ネバー、ダイブ！

もっとも私はメッシではないし、日差しはめちゃくちゃ熱かった。続く後半までぶっ通しでプレーしてみて、メンバーの気持ちがわかった気がした。倒れた誰かがあんまり早く起き上がると困ったちゃんに思えてくるし、この暑さのなかひいひい言いながらやってきた自分も困ったちゃんに思えてくるし、やがて、なんとなく世界全体が困ったちゃんに思えてくる。試合終盤は熱せられた空気が鼻につまるようでうまく息ができず、しょっちゅう足がもつれ、誰かシミュレーション行為でいいから、ちょっと倒れてくれないかなあと願ってしまうほどだった。

シミュレーションとは、相手選手にファウルをされたフリをして審判のホイッスルを誘ういかさま行為だ。韓国ではハリウッド・アクションという言い方のほうがよく知られている。詩人が葉あいにおきる風にさえ傷つくとすれば、[*1]サッカー選手は襟がふれただけでも痛そうに転がりまわるものなのだ。

ほとんどのサッカーファンはシミュレーションを嫌う。しょっちゅうやる選手は「ダイバー」[*2]と揶揄される。何度か記憶に残るシミュレーションで顰蹙《ひんしゅく》を買ったクリスティアーノ・ロナウドは今でも倒れこむたびに観客からブーイングされているし、デイヴィッド・モイーズ監督はエヴァートンFC監督時代、ルイス・スアレスのことを「害を及ぼす選手だ、スアレスのようなダイバーのせいでイングランドのサッカーファンが遠ざかってしまう」と公の場で猛烈と批判した（その翌日、スアレスはエヴァートンとの試合で先制ゴールを決めるとわざわざモイーズ監督に駆けより、目の前でダイブパフォーマンスを披露している）。サッカーコラムニストのジョン・デュエルダンも著書『ジョン・デュエルダンの歯に衣着せぬ韓国サッカー』（サンチェク、二〇一〇年、未邦訳）で、「イングランドではダイビングを根絶すべしという空気が醸成されている」とし、出場停止のような厳しい処罰によって「ダイバーの居場所はない」というメッセージを送り続けるべきだと主張した。

私もやっぱりシミュレーションは嫌いだ。それがチームを勝利に導くとしても、である。喉から手が出るほど点がほしいとき、仲間のシミュレーションでペナルティキックを決め、勝利を収める。そういう、いわば「賢い」プレーで引き寄せた勝利なんて、想像するだけでも不愉快。美しく勝つことへのファイトがない勝利は、結局のところサッカーそのものの美しさも損なうと思う。見た目だって印象悪いだろう。殴ったり突き飛ばしたりする人もいないのに一人で寝っ転がったり呻いたりと苦しげな演技をする選手を見ていると、音楽ナシで怪しげなダンスを踊る人を見たみたいに恥ずかしいわバツが悪いわ、どうしていいかわからなくなる。

そうだったはずの私が、まさにそのシミュレーションを待ち焦がれているのだ。この酷暑の前では神も仏もメッシもあるもんか。体中から汗が立ち上り、そのうち自分の魂まで蒸発してしまうんじゃないかと思う頃、ようやく試合終了のホイッスルが鳴った。誰もがその場にバタリと倒れこむ。ふう……やっと終わった。

本格の向こうの本格

この章の最初から今に至るまで暑くて死ぬという話ばかりを訴えているので（これはシミュレーションではない。マジで暑い）みなさんお気づきだと思うが、そうなのだ。サッカーチームにとって一年で最もつらいサマーシーズンが本格的に始まった。しばらくは毎日クレッシェ

＊1　韓国の有名な詩人、尹東柱《ユン・ドンジュ》の「序詞」に「死ぬ日まで天を仰ぎ／一点の恥じ入ることもないことを、／葉あいにおきる風にさえ／私は思い煩った」（尹東柱詩集『空と風と星と詩』金時鐘 編訳、岩波文庫）という一節がある。

＊2　自分から倒れ込む＝ダイブすることから。

ンドで暑くなっていくのだ。そしてやはりずっとはっきり書いているのにこちらのほうにお気づきの方はいないだろうが、そうなのだ。私は練習試合に出るようになった。入団初日、体験出場みたいに右も左もわからないまま試合に投入されて以来、実に五か月ぶりだ。それまで、練習試合の日はいつも練習組か補欠選手たちと一緒にピッチの脇で基礎トレーニングを重ねていたが、そんな私がついに実戦に投入された。サマーシーズンとともに私のシーズンも本格的にスタートしたというわけだ。

もちろん、今ごろ「私のシーズンも本格的にスタートした」とあらためて言わなくたって、この五か月間も私には十分「本格」だった。だが、ある種の本格は次の本格にとってかわられるまででしか、本格ではいられない。もっと本格的なものが登場すると、あっというまに「非・本格」に変質してしまうのだ。まるで、誰かと恋に落ちると過去の恋人が全員、その誰かさんと会うための試行錯誤のプロセスにされてしまうみたいに（もちろんその「誰かさん」も、「さらに本格的な恋」が訪れると試行錯誤の一つに吸収される運命だ）、この日を境に過去と今を隔てる線がハッキリと引かれた。まんざら例えだけでもない。自主トレをしていたピッチのラインの外からクッキリした線を越えて、今はラインの内側でプレーしているんだから。

本当はもっと早くこういう時間をあじわうこともできた。公式大会や何かが賭かっている試合は別として、気楽な練習試合ではできるだけ多くの選手を均等に出場させようと監督もチャンスを与えてくれていたし、はじめに「ホンビさんも来週から試合、出ますか！」の声がかかったのは二か月前。入団から三か月とちょっと経った頃のことだったのだ。

「えっ、ホントですか？　私、もう練習試合に出ていいんですか？」

「ダ、メ、ね～」

「えっ？　だってさっき、出ろって言ってたじゃないですか？」

「そ、う、ね～」

ド・レ・ミ～のようでもド・ファ・ラ～のようでもある奇妙なメロディで一音ずつ区切り、歌でも口ずさむみたいに返事をするのはまあスルーするとして、だから、いったい、どういうつもりなのか？

「あの……、つまり、練習試合には出てもいいってお話なんですよね？」

「ダ、メ、ね～」

「はあ……」

そんなへんてこな会話（…と言えるなら、だが）をさらに何度か重ねた結果、監督が言いたかったのは「まだキミのレベルでは試合に出せないが、でも出してやるから一度やってみろ」という意味だとわかった（お願いだからこういう完成された文章で、スッキリ整理してお話しいただけませんかね）。こちらが尋ねる前に、監督から理由を説明してくれた。

「わざわざ時間作って週二回参加してるのに、来てもずーっと基礎練習ばっかりだと、みんなつまらないんですと。聞いてみたら、えらく不満が多いんですよ。そんでもって一か月半ぐらいすると、だんだん来なくなるんだっていうのね。一か月半が限界なんでしょ。だから、その頃になったら試合にも出てもらう。ちょっとは楽しいこととしてもらえば、面白くなって続くだろうからね」

あー、ですよねえ……じゃなくて、じゃあ入団から三か月経つ私はそれらしきことを二回は聞かされていてもいいのに、なんでいまごろになってようやくなのか、と聞くこともできたが、せっかく監督からスッキリした説明を聞いたことだし、そのままにしておこう。だがそのままにできないこともあった。試合に出してもらえる理由がわかって、ますます試合に出る必然性を感じなくなったのだ。私もスッキリと答えた。

「出ません」

「へっ……」

クソ真面目な私の背を押したもの

私は、基礎練習だけでなんの不満もなかっただけでなく、ものすごーく満足していた。もちろん、同じ動作ばかり何週間も繰り返していればたまにはゲンナリするし、そうなると試合に出て思う存分楽しくプレーしてみたいと思うこともあった。だが、そういうことができる段階、つまり練習試合という次のステップに移行できるだけの実力がそこそこついた段階で試合に出たかったのだ。どっちつかずの中途半端なときに、いいかげんなかたちで出るのは嫌だった。ましてや、ただ「面白がれるように」というご機嫌とりにのっかるのはもっと嫌だった。余計な要素が加わって、自分なりに作っていた体系が乱される感じ?

いってみれば、いま試合に出ることは私にとって広義のシミュレーションなのだ。サッカーのABC、たとえば基本的なドリブルやトラップ、ねらいを外さないキックみたいなことを完全に習得もしていない状態で練習試合に出て、きっちり選手としての役割を果たせるはずがないじゃないか。試合に出ても本当のサッカーをするのではなく、ただつま先にボールを当てようとあがくだけ。ようやくできてきたフォームも崩れ、サッカーをするフリをしただけになるだろう。もちろんわざとではなく、できないからそうなっちゃうのだが、フリはフリだ。フリは、嫌だ。

「監督、私、まあ試合に出してもいいかなってレベルになってから出場するんじゃだめですか？　それまではもっと基礎練習をやりたいんです」と言う私に、監督は、いまボクいったい何言われてるの？　という、おそらく普段私が監督の話を聞いているとき浮かべているに違いない表情で私を見つめた。

「本当ですか？　もちろん、もっと基礎トレーニングを積めばそのほうがいいに決まってるけど。本当にいいの？　嫌になってくるだろうに……」

いつも不思議だった。監督だけでなく、チームのメンバーみんなが同じことを言っていたからだ。基礎練習は全然つまらなくないのに。合間合間に監督が1－1で教えてくれるサッカーの基本原理みたいなものもすごく面白いのに。

「この前のワールドカップ予選、見ましたか？　クォン・チャンフン*がペナルティエリアのすぐ脇で、あっちゃ行きこっちゃ行き動いてたでしょ。なぜでしょーか。それは、これこれこういうわけで、そうなるんですな！　そいでもってその原理を、我々もこんなふうにあんなふうに活用できるわけです。さ、じゃ、今日はそれを一度練習してみましょう！」

そういう説明を聞かされるたびに、頭のどこかでぴっちり閉まっていたシャッターがシャーッと上がる気がする。おお〜、そうか。つまり似たような状況ならどんな選手もああいう動きをするんだ。選手はさして考えなしに動いているように見えて、実はその一つ一つすべてに理由があり原理がある。そう教えられると胸がじーんとしてくる。時にはそうした技術的な分析以外にも、相手ボールになったときディフェンダーの視線から読み取れるものや、無茶なファウルをする選手が無意識に考えること、みたいな話も出た。こんなにシンプル、かつクリアに説明できる人が、なぜ普段はあんななのかとは思わないでおこう。その時間だけは、私にとって一番の名監督なのだから。

そんな話も聞け、サッカーのＡＢＣを着実に身につけることもできる基礎練習を、一体どうして嫌がるだろう。ばたばた「やったフリ」だけして終わる練習試合のために、こんなに大切な時間を減らしてはいけない。まだまだ身に着けたい基本的な技術も、聞かせてほしいサッカー分析の話もいっぱいあるのだ。だから「いえ、ぜんっぜん嫌じゃなくて楽しいです。本当ですよ！　一年は基本練習だけで平気です」と、もう一度きっぱり答えた。

「そうですか？　コーチして十数年ですけど、基礎練習が面白いっていう反応は初めてだわ。ま、ホンビさんがそう思うならそうしましょ。いやあ、ホンビさんてホント、変わり者だなあ」

変わり者というよりはクソ真面目なのだろうが（自分でもわかっている）、とにかく、それが二か月前のことだった。

そして二か月後の今日、「ホンビさん、そろそろ試合に出てみてもよさそうなんだけど……今日から練習試合、出ますか？」と突然監督から声をかけられ、私はそうすることにした。だからあらかじめ試合用のシンガードを準備することもできず、ドタバタと練習試合に出たのである。

私の心境がわずか二か月で変わったのは「ダメだけど出してみようじゃなく、ダメじゃないから出してみよう」という監督の説明のためばかりではなかった。そのあいだに基礎練習がイヤになったわけでも、激しく実力が向上してピッチを駆け回っても大丈夫と太鼓判を押されたわけでももちろんない。先月の、あの試合のせいだった。「試合、出ますか？」と監督に尋ねられた瞬間、FCマリケのメンバーが記憶の中からわあっと飛び出してきて、ピッチめがけて私の背をドンと突き飛ばしたのだ。行きな。早く行ってプレーするんだよ。オーバーラップのタイミングだよ。

ピッチに立つまで自信はなかったが（まだせいぜい試合二回目だから）ヘンな自信はあった（それでも試合二回目だから）。しかし、いざ試合が始まると、そんなまさか。入団初日、右も左もわからないまま6番じいさんを追いかけてばかりいた試合と、少し学んでボールと一緒に

＊　韓国のサッカー選手。ポジションはミッドフィルダー。

プレーをする試合は、完全に別の体験だった。ピッチのラインをはさんで外の世界と中の世界は、完璧に別物だった。ラインの中の「本格」が、ここ数か月の「本格」を「軽いウォーミングアップの時間」にしてしまうのに五分もかからなかった。

私の、ミジメすぎるはじめてのそれ

個人練習では自分で適当にスピードを調節し、内々にボールをコントロールすることができたが、試合となるときちんと体勢を整えることもできないし、猛スピードでプレッシャーをかけ続ける敵に勝たなければボールと会うこともできない。「ボールをとる↓ドリブルする↓ターンする↓パスする」。このプロセスを一つ一つステップを踏んでやるヒマなんてもちろんなく、すべてをほぼ同時にこなさなければならないのだ。そんな状況下で、正しいサッカーABCって……。正しい姿勢でドリブルをしましょう？　相手ディフェンダーにボールを奪われる前に、せいぜい二回タッチできればマシってもの。安定したトラップをしましょう？　飛んでくるボールの落下位置を計算して必死に走ったって、とっくに誰かがそこで頑張っている。正確なキックをしましょう？　ただキ〜ッってなってるだけですわ……。ボールを前に押し出せるだけで御の字だ。

こんな調子だから、チームに無数の被害を与えないはずがない。脛を蹴られても空気も読まずにいち早く起き上がり、みんなから「困ったちゃん！」と溜息をつかれることなんて、その日私がチームにかけた迷惑のなかではごくささやかでかわいらしい部類だった。やる気ばかりが空回りしているためやたらボールばかり追いかけ、持ち場を離れ、そのせいで守備に大きな穴を開ける。その失敗を繰り返すかと思うと怖くなって動けず、今度は攻撃にも大きな穴をあける、というパターンだった。

それだけではなかった。暑さでへばり、ほんの少しでいいから休ませて、と誰かのシミュレーションを願うだけでは足りず、とうとう……自分でやった。一度だけじゃなく、なんと何度も。それでペナルティキックか、せめてフリーキックにでもなればチームにはプラスだったろうが（もはや私、積極的なシミュレーション肯定派だ！）私のそれは本当に、あまりにミジメすぎた。

反撃の場面。早い展開で攻撃が進むなか、パスを取りそこない、あるいは変なパスを出し、流れを何度か断ち切ったあとで私のプライドが起動した。そんなことで誰も責めたりしないのに、自分のほうが、これ以上チームに迷惑をかけたくなかった。だから、ボールが来そうな場所をわざわざ避けはじめたのである。そこに行かなければ、とにかく誰かがそこを埋める。その誰かは、少なくとも私よりは攻撃の役に立つのだ。

だからといって他の人がボールを蹴ってサッカーをしているあいだ、私一人がボールを避けてドッジボール状態だと悟られてはマズイ。幸い私には、ついさっき蹴られた脛があった。ボールを追わなければならない（つまりボールを避けなければならない）状況になるたび、やたらと足をさすってはまた痛み出したかのように顔を歪ませ、「ああ、向こうに行くべきなのは自分でもわかってるの……わかってるのに、今は痛くて早く走れないみたい……。ああ、残念無念……」というメッセージを四方八方に送り、他の場所へひょこひょこ抜け出してしまうのである。そんな調子で、残りの時間はずっと痛いフリつらいフリで渾身のシミュレーションを繰り広げていた。映画『ユージュアル・サスペクツ』のカイザー・ソゼのように。ひょこひょこと。シミュレーションは卑怯だと思っていたが、これほどミジメにもなりうるだなんて。自分の「本格」的なデビューを、あれほど嫌っていたシミュレーションで飾るなんて。ああ、どこへ行く私のプライド。私の美しいサッカー。

こうして、私のデビュー戦は屈辱的なものに終わった。サッカーでもなんでもない、「フリは、嫌だ」のへらず口も形無しのフリですらないものだったし、したがって〈広義のシミュレーション〉ではますますない、あえて名前をつけるとすれば「イミテーション」あたりがお似合いの、メチャクチャなプレーとともに。その日、最近の言葉で言えば「ガクガクブルブル」状態で足を震わせていたせいか、あるいはずっと脛が痛いフリをして妙な歩き方をしていたせいか、家に向かうバス停まで本当に片足をひきずって歩いた。

それから今まで、九回練習試合があった。うち三回に出場した。不幸（?）なことに、誰からも蹴りとばされたり押し倒されたりはせず脛も元気、ボールを避ける言い訳がない私は、攻撃の流れを二千回ほど断ち切り、パスミスを三千回ほど重ねている。メンバーにはお詫びの言葉もない。同じチームだというだけで私の成長の生贄《いけにえ》にされるなんて。何も悪くないのに。

私が申し訳なさそうにしていると、先輩たちは「ちょっと、あんたのは三歳になったばっかりのよちよちサッカーなの。ちびっこが成長するときは、大騒ぎして面倒起こすのが当然でしょ。その子が大きくなるまで、大人がいちいち付き合うのはあたりまえなんだよ」「悪いって思うんだったら、早く大きくなってくれ！」と、しょうもないことを言ってと言わんばかりの言葉をかけてくれるのだが、そのたびに申し訳なさが感謝にかわり、余計申し訳なくなる。申し訳ないと思う気持ちに慣れることと、申し訳なく思うような行動を減らすこと、どっちが早いだろう。

あちらこちらでぶつかり、まごつき、頭がヘンになりそうだが、その渦中でもサッカーが楽しくて、ますますヘンになりそうである。もうはっきりわかる。試合になった瞬間、すべてがサッカーになるんだと。フリだろうがシミュレーション行為だろうがイミテーション行為だろうが、ピッチの上ではすべてが本物のサッカーだった。メンバーに申し訳ないと思う気持ち、あの日の脛の感覚、私のつまらない想いみたいなものも、そっくりそのままサッカーの一部になっていた。

シンガードを準備しないで出場すれば脛を蹴られて倒されるように、試合でプレーするたびに準備不足の部分を容赦なくつきつけられ、準備不足と思っていなかったところまで赤裸々にされてしまう。そして、それもそのまま、「自分のサッカー」として蓄積されていった。ディフェンダーに止められたり、無慈悲なスピードで飛んでくるパスを受けたりといったことは、想定外や突発的な出来事のない、無害な安全地帯での練習では決して学ぶことができない。だからときおり、しょうもない後悔を抱いたりする。「なんでもっと早く練習試合に出ておかなかったんだろう？　二か月前にすぐ出るべきだったのに！　基本だなんだって、偉そうなこと言っちゃってさ！」

いずれにしても、たとえ始まりがミジメだったとはいえ、暑さと一緒に私のサッカーもクレッシェンドし続けている。もちろん、あいかわらずボールは足の下でスタッカート、あちこちに転がっていくのだが。それはそうと、イミテーション行為って呼び方、ちょっとかわいくありません？

オフ・ザ・ボール

サッカー原理主義者たちの争い

感情のもつれはクレパスで描いた下絵のごとく

今日はよくない知らせから始めなければならない。前に少し触れたが、私たちのチームは年に三～四回、公式大会に出場している。その一つがＦＣマリケに０－５で完敗した大会だったわけだが、少し前、別な大会の一回戦があった。また負けた。楽勝だと想っていたチームに、１－３で。この大会はリーグ戦だから、二回戦、三回戦が残ってはいるものの、勝てる相手に負けたという事実は、ＦＣマリケのような強敵に敗れた時とはまた別の意味でショックだった。なにより、公式大会で三連敗したのだ（なぜ二連敗ではなく三連敗か不思議でしょうが、その話はこの後の「もっとよくない知らせ」とともにお話します）。

チームの雰囲気が露骨に変わったのは、リーグ一回戦敗退後のはじめての練習からだった。

新人である上にサッカー場以外ではほとんどメンバーと顔を合わせないため、チームの事情を隅から隅まで把握するというところまではいかなかったけれど、直感で、あるいはたまたまそういう場に居合わせて、はたまた誰かにこっそり聞かされて、ある程度予想できていたチームの対立構造が、そのあたりから目に見えてハッキリしはじめた。

黒い絵の具をふくませた大きな筆をさっと走らせた場所に、白のクレパスで描いた下絵がくっきり浮かび上がってくるみたいな感じだった。いつもなら聞き流すような本当につまらない一言、ささいなミスがさっとよぎると、そのたびに下に隠れていたお互いへの気持ちが攻撃や不和のかたちで表に現れる。一度そういう筆づかいになると、画用紙のはじっこで数年そのままになっていた下絵まで浮かび上がってきて、何年も前のことをいまさら言い争ったりした。

キャプテンと総務先輩の衝突もそうだった。キャプテンがミッドフィルダーの総務先輩の「オフ・ザ・ボール」の動きを注意したのがきっかけだ。途中で総務先輩が爆発した。

「だからさあ！　あたしは最初から、ミッドフィルダーは向いてないって言ってるじゃない！それをあんたがやれって無理に言うから、だまってやってたのよ。一応キャプテンに言われたなら尊重しなきゃいけないからね。いつだってあんたの言う通りにやってたでしょ？　それを今になって全部あたしのせいにされたら、どうすりゃいいのよ」

「こっちがいつ、全部先輩のせいだなんて言いました？　みんなそれぞれ責任があるって言ったんですよ。それに、ポジションが不満だったらすぐに言ってもらわないと。二年間ずっとそのポジションで練習してて、いまになって二年間ずっとやりたくなかった、我慢して無理矢理やってたんだって言われたら、こっちだって困りますよ」

「あたしがいつ、やりたくないのに我慢して無理矢理やってたなんて言った？　あのさあ、毎回勝手に話作らないでくれる？　それに、あたしは何回も言ってたわよ。人の話を適当に聞いてるから覚えてないんでしょ！」

「全部覚えてますって。あんとき先輩、まだちゃんとやってもないうちに言うからああ答えたんです。何か月かやった上でだったら聞いてますよ。やってみて全然ダメだと思ったら、すぐに言ってくれればよかったのに」

「うっわ、この子またそうやってあたしのせいにするんだ。だったらあんたから、先輩、何か月かやってみてもう一度話しましょう、ってちゃんと言ってくれなきゃ。そしたら言ったわよ。あたしはもう、とにかくやらなくちゃって思いこんでたんだから」

「あれ以上どうきちんと言えばよかったんですか？　じゃあ先輩、何月何日何時何分何秒までやって、それからまた話しましょうって、そう言えばよかったんすか？　先輩だってなんとなく普通にしてたから黙ってたのに、いまさらそういう言い方はナシでしょ」

「あんたが普段から人の話をちゃんと聞いてくれるような子なら、あたしだって気楽に話せたわよ」

「他になんの話をちゃんと聞いてないっていうんですか？　なんかあるんですか？」

「よく言うわよ。要するに、この話にはちゃんと耳を貸してなかったってことは認めるわけね？」

「あのう、揚げ足とんないでもらえますか。こっちが耳を貸さなかったことって、他に何があるんですか？　えっ？」

言い争いは大体がこんなふうに進み、ありとあらゆる過去がひとしきり派手にフラッシュバックした。片方に記憶がなかったり、もしくは片方が記憶すること自体を拒んだり、いや、とにかくなんの脈絡もなく始まってそれぞれ言いたいことをさんざん口にし、突然プツリと終わるのだった。

オードリー・ヘップバーンと原理主義者たち

こんな光景を、夏に入ってもう四度ほど目にしていた。以前は、少なくとも私の前では注意している気配があった。ほんの数か月前までチームとはまったくの無関係だったし、まだ外部の人間という感じが完全には抜けきれていなかったから、そういう相手にチームのネガティブな面を見せたくないというプライドもあったのだろう。ある世界に足を踏み入れたばかりの白紙状態の場合、接したもののすべてをその世界だと思いこみやすい。否定的な刻印を残さないようにという気づかいもあったと思う。

だから、たとえば何人かがその場にいない誰かへの不満を言っていて、そこに私がいるとわかると、「あっ、ホンビの前でこんなこと言っちゃダメなのに！」と本気で焦っていたし、トレーニング中に口げんかがあった日は夕方総務先輩やジュボク先輩が別々に電話をよこし「ホンビ、今日びっくりしたでしょ？　全然深刻なことじゃなくって、ただ練習してるうちにみんなアツくなってケンカになっちゃっただけなの。だから、あんまり気にしないでね」と弁明に近い説明、あるいは説明に近い弁明をしてくれたものだった。

そのココロがわかるのでまったく不快ではなかったが、こんなに気をつかわれてどうしたものかと困惑する部分はあった。もちろん、サッカー歴からすれば、私はついこのあいだ新生児を脱したばかりのちびっこレベルに違いないが、だからといって先輩が「あっ、ホンビの前でこんなこと言っちゃダメなのに！」という言葉を「あっ、あたしったら子供の聞いているところでこんなことまで言っちゃって」みたいな口ぶりで言われたり、泣き出す直前の子供をなだめるみたいに「ホンビちゃん、びっくりしちゃったねえ。もうだいじょうぶよ、だいじょーぶねー」と声をかけられることにはどうにもなじめなかった。

そんなときの彼女たちは、まるで物理的な時間を超越し、「サッカーを始めた日こそが真にこの世に生を享けた日」と信じるサッカー原理主義者のようだった。生物学的な年齢や社会での経験値みたいなものは一切考慮せず、チームへの入団時期とサッカーの実力によってのみ、無意識に人間の成熟度を推しはかってしまうのである。うちのチームだけが変なのではない。同じ趣味を楽しむ他のアマチュアコミュニティも似たようなものだろう。特に舞踊や剣道のように体を使うもの、つまり、続けた時間で熟練度がまるで違う活動をメインにしたコミュニティではありがちな現象なのだ。だから頭では理解できた。もっとも、度を越えていなければの話だが。

だってですよ、こっちは三十年以上も宮殿暮らしをして美しく成長し、ローマでの休日に外へ飛び出したオードリー・ヘップバーンじゃないんですからね。だからそういうことがあるたび、「いやあ、気にしないでくださいよ。いろんな人が集まりますから。ケンカがなかったらそのほうが変ですもん」と、三十代半ばにふさわしい適度な度量の広さといい加減さを発揮して無難な返事でスルーするべきか、それとも「人が集まるとこはどこだってそんなもんですって。ここだけは違うなんて期待、はじめっからしてませんし、驚きもしませんからどうぞご心配なく。私たちだって、今はこうしていい感じで話してますけど、明日はどうなってるかわかりませんもんね、フッ」と、社会人生活十年目らしいクールな笑みを浮かべるべきか、はたまたサッカー年齢三歳のキャラクターにあわせ、手で耳をふさぐフリかなんかして「ホンビね、なんにもね、聞こえなかったんだよ、なんにも知っらないんだから〜」とイヤイヤをしてみせるべきかと悩み（驚くことに、この三つからあえて一つを選ぶとすれば、最後が一番しっくりくる感じだった。困った原理主義者め……）、「いえいえ」「平気ですよ」と、少し短めの返答でお茶を濁していた。

ところがいまは違う。ちびっこ扱いして気を回していたメンバーが、気が付けば私のことを、分別くさいマセた小学生みたいに扱いはじめていたのである（本当に勝手だ）。「そう、お前も知るべきことを知っておいたほうがいい年齢なのよ」と、苦しい決断を下した親みたいに悲痛な面持ちでトラブルの原因をこまごまと説明し、誰かへのネガティブな感情を表に出すことになんの躊躇もしなくなった。おかげで、分岐点だったリーグ一回戦のかなり前から、総務先輩とキャプテンがギクシャクしていることを知っていた。チームが総務派とキャプテン派に徐々に分かれはじめていたことも。一部の気の早いメンバーは、いまや小学生になった私に、まるで離婚前の親が「ママと住みたい？　パパと住みたい？」と尋ねるみたいに「総務が好き？キャプテンが好き？」とこっそり聞いてくるようになり、それはそれでつらかった。ついこないだまでちびっこ扱いしてたくせに、今度は選べって、なんでそう切り替えが早いんですか！困った原理主義者め……。

そして、そんな急激な展開の後には過激な結末が待っていた。よくない話の後の、さらによくない話。

サッカーの根本はボールのないところに

キャプテンと総務先輩のケンカから二週間が経ったある日、総務先輩が突然、チームからの脱退を宣言した。午前三時頃、メンバーのネット掲示板に長い文章をアップしたのだ。チームじゅう上を下への大騒ぎになったことは言うまでもない。総務派メンバーにさえ事前になんの耳打ちもなかったらしく、驚いていたのは同じだった。

はじめて経験する誰かの脱退、それも、チームのことを一番熱心に考え、チームにとって絶対的だった人の脱退は、簡単には受け入れがたかった。まさか、それはないでしょ。文章をアップした時間といいアップされた文章の呪いめいた文句といい、明らかに酔っぱらって、頭に血が上って書き込んだんでしょ。周りや監督が引き止めれば心変わりするでしょぐらいに思っていたが、酒の勢いでアップしたのは事実でも、気が変わるはずという見立ては誤りだった。本当に、そんなふうにピリオドになった。

結果論だが、六月に江原道《カンウォンド》で開かれた大会に出なければよかったのだ。「普通に毎年出てる大会だけ出場すれば十分じゃないですか？」という反対意見もそこそこあったのに、もっと大きな大会を経験してみたいという野心と、ついでにサークル合宿のノリで遊んできたいという邪心であふれた先輩たちがゴリ押しし、チーム創立以来はじめて、他の地域での大会に遠征することになった。初めてなものだからあれやこれやと準備に追われ、チーム全体がしばらく落ち着かなかった。特に総務先輩は、宿の手配、バスのチャーター、追加費用の徴収、主催者側への書類送付など、やらなければならないことが一番多かった（実際総務先輩はいつもすべきことが多かった）。紆余曲折の末、監督と精鋭メンバー一五人が一泊二日の予定で江原道へ向かった。

私を含む残りの非・精鋭メンバーが後から聞かされた話はこうだ。誰もが今回の大会を、一度は経験しておくかぐらいの頭で（そして合宿の口実に）出かけていたから、試合開始直前までさして緊張もせず、ふだんの練習試合よりのんきで和気あいあいとしたムードだったらしい。勝手がわからないから気も楽だし、相手チームの情報も皆無だったから余計そうだったと。

ところが前半開始早々、チームは立て続けに二ゴールを決めた。「えっ？　下手なチームなの？　これって大勝利の雰囲気なんだけど？」。メンバーが少しずつ相手チームをナメはじめた頃、先方も連続二ゴールを決めた。「えっ？　なにこのチーム？　これってあっというまに大逆転される雰囲気なんだけど？」。競技場に緊張感が漂いはじめ、少しずつプレーが激しくなり、気がつけば両チームとも、この試合は絶対に勝つという熱気でメラメラ燃え上がっていた。それがどれほどの気迫だったかというと、試合開始前まで江原道で一番のんきで何の心配事もない人みたいに座っていた監督まで動き出すほどだった。

いつもと違い、「絶対勝つぞ！」のかけ声でハーフタイムの作戦会議を始めた監督は、選手一人ひとりの歩幅まで決める勢いで細かい指示を飛ばし、一回一回の選手交代にもひどく慎重になった。そのせいで、出場できないまま終わってしまった人が出た。総務先輩だった。

本来の監督の計画は、スタメン出場できなかった四人を後半で順番に投入し、少なくても十五分はプレーをさせようというものだった。もともとどの選手も同じくらいプレーできるよう時間配分するタイプだったし、今回はみんな（いつも払っている会費に比べれば決して安くはない）自費で、一泊二日で、わざわざ遠くまで来ていたから、余計気をつかっていたはずだ。だが、その試合が突如絶対に勝たなければならないものになってしまったことで計画は変更になった。そういう試合ではわずかな気の緩みも許されない。すべての瞬間が勝負どころであり、その都度最善の選択をする必要がある。次善の策はありえなかった。そして、総務先輩はその瞬間の最善ではなかった。ミナ先輩がいたのだ。ミナ先輩と総務先輩を最善と次善とに分けたもの。それが、キャプテンと総務先輩の言い争いの発端でもあった「オフ・ザ・ボール」の能力だった。

オン・ザ・ボールがボールを持っているときの動きをいうのに対し、オフ・ザ・ボールはボールを持っていないときの動きを指す。かなり広い概念だが、私は、オフ・ザ・ボールの最も決定的な仕事は「スペース」を作ることだと思っている。サッカーでのスペースはほとんどが「選手と選手のあいだの空間」だから、全選手が早いスピードでたえまなく動く現代サッカーではコンマ何秒の単位で生まれては消える「一瞬の隙間」となる。時間のなかでもかなり短い「一瞬」と、空間の中でもかなり小さな「隙間」が二重になって、ほとんど時空を超越する一歩手前のミッションみたいなその「一瞬の隙間」を作り出せるかが、オフ・ザ・ボールの醍醐味なのだ。

相手側ディフェンスに生まれた一瞬の隙間を見逃さず、観客や守備陣が「ん？　あの選手一体いつのまにあそこへ？」と思うところへ思わぬ現れ方をして、仲間の出したパスをシュートにつなげるゴールセンス、ミッドフィルダーがボールを回しているあいだに、稲妻のごとく相手チームのサイドに入り込むサイドバックの動き（そう、それがまさにオーバーラップだ！）、ミッドフィルダーの一人が攻撃に加わればもう一方が一歩後方に下がって敵の反撃に備える冷静なポジショニング、なにか思いもかけないプレーをするかに見せかけてディフェンダーを引きつけ、ボールを持っている仲間のスペースを一歩でも広くしようとするおとりの動き、それらはすべて、オフ・ザ・ボールである。

彼女の最後のオフ・ザ・ボール

「ほとんどの初心者はボール（点）だけを見る。やがてある瞬間〝選手の動線（線）〟が見えるようになり、さらに一歩進むと、その線が辺となって生まれる〝空間（面）〟が見えるようになる」（パク・テハ「いったいなぜわざわざサッカーなのか」、『リッター』二号所収）という言葉の通り、オフ・ザ・ボールの動きが見えてスペースのできる、できないがわかる人と、それがわからずボールや選手の足だけを目で追っている人とでは、同じ場所で同じ試合を観戦していてもまったく別の二つのサッカーを見ているのだと思う。

自分が実際にサッカーをするとなると、余計その差は開くだろう。だから、オフ・ザ・ボールのうまいミナ先輩とそれが足りない総務先輩のサッカーはどうしても違ってきてしまう。おそらく、キャプテンが総務先輩とのケンカの前にしていた指摘、「ミッドフィルダーがパスして一丁上がり！　ってどうなんですか？　我関せずで知らん顔してちゃダメですよ。ずっと動き回ってチャンス作ってもらわないと」が、監督が交代選手を呼ぼうとしたときにすんなり総務先輩の名前を口にできなかった理由でもある。隙をとらえ、作り出せるかどうかの感覚の差。

最後まで名前が呼ばれなかったわけではなかった。惜しくも二ゴールを奪われて失点し、敗色濃厚になった後半の終盤、監督は総務先輩に交代の準備をするよう告げたという。先輩は「体調がよくないので」とやんわりと拒否し、やがて試合は終わった。絶対に勝ちたかった試合に敗れたとき、体力の消耗は倍になる。帰りの車に乗り込んだメンバーはほとんどがそのまま眠りこんでしまい、先輩がどんな状態か気づかう余裕がなかった。到着後の打ち上げもキャプテン派と総務派に自然に分かれ、それぞれ別の場所に向かったという。

焼肉屋で肉を焼きながら、総務先輩は突然こみ上げる悲しみに、ぽろぽろ涙をこぼした。

「この試合をセッティングしたのだってあたしだし、二週間のあいだどれだけ調整に忙しかったか。おまけに十一万ウォンもかけて江原道まで行って、一回も芝を踏めないなんて。もちろん、あたしがダメでそうなったんだから何も言えないけど、はじめは勝ち負け関係なく経験を積みにいくんだって言ってたくせに。そうじゃなかったら、そもそもあんな苦労しなかったわよ！」

同じ頃、歩いて十五分のところにある刺身屋では、焼酎とビールをちゃんぽんにして飲んでいたキャプテンが突然ぶちキレた。「あん？　監督が出ろって言ったのに、出なかったァ？　指示が来たらたとえ一分だって出なきゃなんないのに、言うことを聞かなかっただァ？　これは試合なんだよ。親善試合じゃないんだって！　状況によって主力メンバーで出られる人とそうじゃない人がでてくるもんなんだ。それをなんで根に持つかなあ。ウチらがアマチュアチームだからって、そんなアマチュアくさいことしてちゃダメなんだよ！」

そんな葛藤が何一つ解決されないまま迎えたリーグ初戦だった。負けるだろう。勝ったらそっちのほうがおかしい。ピッチ内でのオフ・ザ・ボールと同じくらい、ピッチの外のオフ・ザ・ボールの状態も試合を大きく左右するのだから。皮肉なことに、それまでピッチの外でのオフ・ザ・ボールがいちばん上手だったのは総務先輩だった。メンバーが他のことにわずらわされず思いきりピッチの上でボールと駆けずりまわっていられるよう、いつもまめまめしく動き、こまごました雑用を引き受けてくれていた。私に「ホンビちゃん、びっくりしちゃったねえ。だいじょぶよ」のよしよし電話を一番多くかけてくれたのも、総務先輩だった。

そんな彼女がここ数日、サッカーチームのみんなの連絡を避けている。監督はもちろん、総務派のメンバーの連絡もだ。近況は、イエリョン先輩が自分の息子の友達である総務先輩の息子経由で聞きだした「昨日、男子のチームと試合してきたってさ」という情報がすべてだった(息子を子供サッカー教室に送り迎えしていて監督と出会い、サッカーチームに入団を決めたC先輩とD先輩が、それぞれイエリョン先輩と総務先輩だ。現在息子たちはサッカー教室に通っていないが、あいかわらず仲がいいらしい)。

返事が来ないと知りながら、それでも総務先輩に長いメッセージを送った日の夕方。「ホンビちゃん、びっくりしちゃったねえ。だいじょぶよ」のよしよし電話を総務先輩の次によくくれていたジュボク先輩から、久しぶりに電話が入った。今回はどういうわけかそうしたくなって、私は先輩相手に半分くらい拗《す》ねた口調になった。

「これって何なんですか、もう。こんな、突然脱退なんて。監督はちゃんと引き留めたって言ってるんですか？　前にもこうやって脱退したメンバーって、いるんですか？　十年越えてるチームがなんでこんな。しくしく」

「だよねえ。わたしもすごい驚いたさ。こんなふうに辞める人ってここ最近いなかったのに。最後に誰か脱退したのって四年くらい前だったなあ？　あっ、そうそう、四年前だ。あんときも何人かで大げんかして、翌日三人がぞろぞろやめちゃったんだよねえ。やだ、わたしたちってばなんのオリンピックさ。なんで四年に一度、必ずこんなバカな真似してるんだろう。頭にくる。これまであんなによくがんばってきたのに、なんでやめるのよね。悲しいよ、本当。ミナも申し訳ないって落ちこんでる。自分がケガのフリして、代わりに総務先輩を出してくれって監督に言えばよかったたって。あの子もわたしたちも、こんなことになるなんて思ってなかったんだよ、本当に……」

いま一番複雑な思いでいるのはキャプテンだと思っていたが、その向こうには、不本意ながら総務先輩の脱退理由の一角を担ってしまったミナ先輩もいた。実際、大小の差はあれ誰もが同じ状態だった。「江原道の大会に出てみない？って誘わなきゃよかった」「もうちょっと準備を一緒にやればよかった」「打ち上げでちゃんと慰めればよかった」「あの日もう一度電話すればよかった」。それぞれが総務先輩の脱退理由への責任を口にし、共有していた。

重苦しい空気のなか、彼女のいない練習日を二回こなした。それからさらに一週間が過ぎた今朝。練習の開始前に出席簿を開き、自分の名前の脇にサインをしたところでドキリとした。いつも二行上にあった先輩の氏名が、いつのまにか消されていたのだ。出席簿の裏に貼られた連絡先一覧からもなくなっていた。訂正処理が早いったらないよ。そんなふうに、総務先輩は紙の上に、私の心に、他のみんなの胸の内に、スペースを残して去っていった。それが作れなくて出ていったくせに、最後にきっちりスペースを残していったもんだ。本当に、総務先輩のオフ・ザ・ボールはあまりにも問題が多すぎる。

マンツーマンディフェンス

サッカーファッションを完成させるもの

ボブカット病の果てはショートカット病

少し前、友人たちと話していてハタと気がついた。朝方鼻をかすめる空気がひんやりし、夏の熱気が温みにかわって風の片隅に漂っては消える。そんな季節になるときまってぶり返すあの〝ボブカット病〟が、今年は完全に消えているのだ。先週からＳＮＳ上にＣカールだ、Ｓカールだ、クッションパーマだと、種類も多彩なボブカットの画像がぐんと増えたことからして、すでに一部では間違いなくボブカット病が猛威を振るいはじめているはずなのだが、さして気にも留めずスルーしていた。四年前衝動的にボブにしたのも、そういえばこのくらいの時期だったっけ。二年以上行っていなかった美容室に飛びこんで三〇センチ以上カットしたあのとき、「こうやって一度くらい決心してボブにしとけばね。あと数年はボブカット病もおとなしくしてますよ」と力強く言ったのは美容師だったろうか、それとも隣で私同様バッサリやっていた同年代の客だろうか。

だが、その後も思ったほど簡単には沈静化しなかった。長い髪の陰でそっと息をひそめていた軽快さや新鮮さが、ボブにした瞬間パアーッと前面に出てくるような気がするし（が、長い髪が隠していたのはただの顔、それも普通の顔だけだったという悲しい事実に直面させられる）、シャンプーやブラッシングの時間が短くなってラクそうな気がするし（が、忙しい出勤前にはねた髪を落ち着かせるのは結構大変で、長い髪よりもっと手間がかかるという事実にも直面させられる）、切った髪のぶんだけ心も軽くなりそうだし（チラッとそういう効果もあるが、先にあげた事実と直面するうち次第に心は重くなる）などなど、生活のあちこちで滞り、たまに深刻な痛みを引き起こしていたコリみたいなものがきれいにほぐれる瞬間は確かにあった。実はやってみると大して変化がないと気づかされるのだが、にもかかわらずどうして「今度こそ違うかも」としょっちゅうムダな期待を抱いてしまうのか。

そのしつこい誘惑が消えていたのだ。毎年一緒に悩んでいた友人に裏切り行為と思われるほど、きれいさっぱりと。すべてサッカーのせいだった。サッカーが日常の真ん中を占めて人生を満たしてくれたおかげで、いまの自分をかたちづくるすべてをポジティブに受け入れられ、ボブカットのような目先の変化に踊らされる必要がなくなったからだとかの心理学的に美しい意味がひそんでいればとてもよかったが、もちろんそういうことではない。理由はしごく単純。ボブカットはサッカーするとき、すごくジャマなのである。

体育少女だった十代の頃、ほんの短期間だけボブカットにしていたことがあった。ショートカット（あるいはショートに近いボブ）は髪が顔にかかったり落ちてくること自体そもそもないし、ロングだったら後ろにまとめてしっかり結べばそれで終わりなのに対して、結べない長さのボブカットは実に手に負えないシロモノだった。走るたびに毛先がうなじ、頬、鼻周りにあたってツンツンするし、首を回す角度によっては目の前に覆いかぶさって一瞬視野をさえぎる。ヘアバンドで固定はできるが、長い間そうしていると頭部の異物感が結構気になった。そんな記憶が鮮明だったので、入団したその日から、そもそもボブカットは選択肢から除外していた。

最近はロングも少し面倒だ。いくらきっちり結んであちこちにヘアピンを刺しておいても、間から雑草みたいに飛び出そうとするアホ毛。サッカーをすると、顔のどこかを勝手にくすぐって存在感をアピールしてくるこの自意識過剰なヤツにどれほどイライラさせられるか。毛量は大事だとわかってなかった二十代前半なら、全員ピンセットで引っこ抜いてしまったかもしれない。ポニーテールにしても、汗でぐちゃぐちゃのうなじに貼りつけば同じことだから、いつからかくるくるねじりあげてお団子にしている。だから、ボブカットなんて想像するだけでおそろしい。サッカーをしている限り、ボブカットなんてしたくならないんじゃないか。いっそこの機会にショートにしちゃおっかな？

「ダメよ、ホンビ。今からそんなことしちゃダメ。一度ショートにしちゃったら二度と長い髪に戻れなくなるよ」

「そう。あたしだって、サッカーするときにウザくって、え〜い、もういいやってショートにしたら、十年このあたまで固定だからね。もう一度ロングにしようって何度もがんばったけど、ボブの長さを越えるまでどうしても我慢できないんだよ」

「わたしも毎回そこでつまずくなあ。もう最初っからあきらめてるもん。ホンビ、ホンビはとりあえず伸ばせるとこまで伸ばして、やってみたいヘアスタイルは全部試して、それから切りなって！」

扱いに困るアホ毛を撫でつけながらふともらした一言に、あっちこっちからメキシコ湾流レベルの強い慰留の波が押し寄せた。波の上に小舟を浮かべ一人漁をする老人のように、この日も私は鏡の前で髪の毛の海をかき分け、ヘアピンの銛《もり》で目につくアホ毛を仕留めようとひいひいしていた。

帰ってきたマンツーマンの神、キム・ホンビ

本当に、うちのチームだけではなかった。女子サッカー選手のヘアスタイルを見ると、ショートカットが圧倒的だ。その次がロングである。ボブカットの選手はほとんどいないし、いてもパーマでクルクルにして落っこちないようにした髪型がほとんど。悩んでいる私を口ぐちに引き止めていたうちのメンバー同様、一度ショートにして十年以上それっきりという選手は数知れず。まるで行きつけのバーで余裕たっぷりの笑みを浮かべ「いつものヤツ」とクール

に決めるみたいに、彼女たちは美容室に行って言うのだろう。「いつものアタマ」と。そんな彼女たちにたとえ〝ボブカット病〟の話をしても「ボブカット病？　何それ？　運動するときボブカットにイライラしてかかる病気？」と聞き返されるだけかもしれない。

先月、一年半ぶりに行った美容室で私が希望したことは、たった一つだけだった。

「結ぶとき、できるだけ落ちてくる髪がないようにしてください」

「いまは髪の量が多くていらっしゃるので、表面に少し段を入れてあげると、軽くて洗練された感じになると思うんですよね……ほんの少しだけ落ちるのもダメですか？　段を入れないと、きっとカーテンが下がっているみたいで、結構重い感じになりそうなんですけど？」

正直、一瞬心が動いたが、速攻でその思いを押しとどめ言った。

「あっ、いえ。パッて全部結べるのが一番大事なことなんで。少し重たく見えてもかまいません」

一人で美容室に行くようになった中学生の頃から今にいたるまで、私の美容室での希望は常に「素敵な髪型」、もう一つ付け加えると「洗いっぱなしで決まる髪型」、つまり「ドライヤーなしでも平気な髪型」ぐらいのものだった。そこに、ほぼ二十年ぶりに新しい条件が一つ加わったのだ。「サッカーするのにラクな髪型」←ＮＥＷ！　しかも、一番重要。

皮肉だったのは、こうやって髪型までサッカーを中心に考えるようになるなんてねー、とウキウキしながらサッカー場に行ったまさにその日に、サッカーの邪魔になっているのは髪の毛だけではないという非情な事実を、しかも屈辱的に思い知らされたことだった。

その日に限ってメンバーの出席率が特に低く、参加者九人は五人と四人に分かれてミニゲームをすることになった。そういうミニゲームは初めてだったが、五対四のゲームとはいっても実際はまず四人ずつ二チームになり、より実力不足のほうに私が加わるかたちだった。専門用語、いや伝統的な用語でいう「カクテキ」*の私をどう活用するかをめぐって私のチームでは議論が重ねられた。結果、技術が抜群に低いかわりに足が速くてがむしゃらという、四角じゃなくて三角のカクテキぐらい珍しく、かつ数も多くない私の長所を生かせるマンツーマンディフェンスが振り当てられた。

「対人防御」、「一対一守備」とも呼ばれるマンツーマンディフェンスは、一人が相手チームの特定の選手を全面的に引き受けてマークすることをいう。通常の練習試合であれば、ディフェンスは一定のゾーンを分担して守るゾーンディフェンス。だがこうしたミニゲームの場合、私のような攻撃力ゼロといっていい選手が相手チームの一番上手な選手の攻撃力をたとえ一でも減らせればそれだけでおいしい話なので、非常に適切な戦略に思えた。

それに私には経験もあった。覚えてますよね、みなさん。入団一時間十分で実現した、私の鮮烈なデビュー戦を。アンナム市からサッカーをしにやってきた6番じいさんをイラつかせた、まさにあの試合のことでございます。あのときのように、他のことは一切気にせずにひたすら相手チームで最も足が速く、決定力もあるイェリョン先輩ばかりをマークして、パスやシュートのチャンスを最大限奪う。簡単でしょ？　もちろん、先輩が華麗な個人技で私を置き去りにしたらその瞬間におしまいというリスクはあり、プレッシャーもあったが、どうせカクテキなのだ。置き去りにされたらそれまでさ。

最初の二十分、つまり前半は完璧だった。たった一度フェイントに騙されてスペースを与えてしまったことを除けば、おおむねうまく守備できた。それまで気がついていなかったが、一対一でマークし、プレーしてみると、チームで二番目に足が早いと恐れていたイェリョン先輩よりも私のほうが足が速く、それがとても有利に働いた。休憩時間には監督やメンバーも「これからは実戦でもホンビをマンツーマンに使う戦術を立ててみるか」と大真面目に語っていた。いつも新人臭をぷんぷんさせ、呆れたプレーでチームのお荷物になっていたキム・ホンビの使用方法がようやく見つかった感じで、とても有意義だったのだ。ここまでは。

私は蚊ではないし、ウマの一頭もいない

後半が始まってすぐ、イェリョン先輩を追って向こうのゴールまで全速力で走って戻ってきた直後からだった。不意に、体からいっぺんに力が抜けた感じがあった。それから一分ほど経ってからだったろうか。私は、赤い棒が一本しか立っていない放電直前のバッテリーみたいにチカチカしはじめた。あるときから、脳の認識する動きと実際の動きに差ができていた。あそこまでは十分行けると思って走ったのに、いや、走ったつもりが、肺に空気が入りすぎてま

＊「はみ出し者」の意。食べ物のカクテキと同じ言葉を使う。

ともに呼吸ができず、どうにかなってしまいそうなほどの膨張感に襲われる。と同時に一回息をしただけで回りの空気を全部吸い尽くしたみたいな酸欠状態にもなり、頭でイメージしていた距離の半分も進めなかった。次第に足も地面から持ち上がらなくなり……。

　パスをカットしよう、しようと思っても体がいうことを聞かなくて焦る。とうとう体のかわりにパッと腕が自然に出てしまった。飛んできたボールをいきなり「ハエたたきブロック」の要領でやっつけて、ピーッ！　ハンドの反則。私を振り切って前へ進もうとするイェリョン先輩のウェアを思わずむんずとつかんで追いすがり、また反則。ピーッ！　ピピーッ！「私の足は想いの奇抜さに従うことができず、私の想いは押し黙る足が我慢ならない」（韓国の詩人オ・ウンの詩「地面」[*1]をもじって）状態の私はひっきりなしにファウルを連発、最後のほうになるともう、イェリョン先輩がどこにいるのか、自分はどこにいるのか、ああもう全部わかんねーという状況になり「私は存在しない存在であり、存在する無存在」（キム・ヒョンの評論集『言葉たちの風景』より）の境地になっていた。右往左往してぶつかりまくり、魂ぶっとびキム・ホンビ。本当に、ピッチの向こうのはるか彼方までボールを蹴り出してしまいたかった。

「タハハハ。ホンビ、顔が完全に死んでたよ。あたしゃあんたが途中で泣きながら家に帰ると思ったね」

「ホンビったらゴール前にやたらと来て、キーパーみたいに仁王立ちすんのよ。『先輩、私がキーパーかわります』とも言わないでただデーンと立って。ククク。気がふれたのかと思ってよく見たら、口はパクパクしてんだけどしゃべれなくて、ジェスチャーで言ってるんだよね。

こっち見ながら身振り手振りで、先輩が、あっちで、プレーして、ください、って。ククク」

ゲームが終わり、キム・ゾンビと化したキム・ホンビの目撃談が相次いだ。監督も私を憐みの目で眺めながら「そもそもマンツーマンが大変なのは、体力を激しく消耗するからなんですよ。無条件に体力勝負だからね。この体力っていうのがなんとも面白いんです。まったく疲れた気がしない、充分やれると思っていても、足がワナワナして重くなって、ちいとも前に進まない日がある。かと思えば、ものすごく息が切れて、疲れて、いまにも倒れそうだって思っても、足がちゃ～んとサクサク動いて勝手に走ってる日もある。それが体力。足の筋肉と体力がちゃんと仕上がってればね。疲れて死にそうでも、足のほうが勝手に前に進むんです！」と、昨日の酒がまだ抜けきっていない、青ざめた生気のない顔で体力の重要性を強調した。

ここ数年、日常生活でなんとなく自分の体力を推し量ることはあったが（主として残業と酒量と二日酔いからの回復レベルで）こんなふうに体力の底をまざまざと見せつけられたのははじめてだった。おまけに、その日プレーしたメンバーのなかでは私が最年少なのだ！　六十年代生まれの先輩だって最後までピンピンしていたのに、いくらマンツーマンを任されていたとはいえ、こんな三十分も経たないでのびちゃうなんて。鋼の体力といえば、マンツーマンもひたすら完璧なパク・チソン[*2]は、ACミランとの試合でアンドレア・ピルロを前後半ぶっ通しで徹底的に封じ、ピッチからかき消した。それを見て、やはりスタミナのある選手として有名な

＊1　「お前の足は想いの奇抜さにしたがうことができない。お前の想いは押し黙る足が我慢ならない」。
＊2　韓国の元サッカー選手。現役時代に欧州主要リーグで活躍し、韓国代表として三度のW杯に出場。

ACミランのディフェンダー、ジェンナーロ・ガットゥーゾも「パク・チソンのしつこさはまるで蚊のようだった」とベタ褒めしていたが、私の場合、体力が蚊レベルでボロボロなのだ。体力全体が問題のくせに、髪の毛が邪魔だのなんだの、アホ毛が聞いたらケタケタ笑いだすに違いない。

以前よその女子サッカーチームの監督が、「レギュラーになるための実力はどうやったら早くつきますか？」という誰かの不意の質問に、こう答えていたことがある。

「まずは今日からグラウンドを毎日三十周してみてください。最初はキツくて、いっきに三十周は難しいでしょう。十回ぐらい休憩を入れなきゃいけないでしょうが、休み休みでもとにかく三十周する。それを一年ずっとやるんです。三十周をわりとすんなり走れる体力がつきます。そうしたらテクニックは後からついてきますよ」

その場にいた他の監督たちも強く共感していたこのアドバイスには、サッカーにおける基礎体力の位置づけがそっくりそのまま表れていると思う。一九五〇年代にドイツ代表を率いたゼップ・ヘルベルガー監督は、「体力は選手の可能性という馬車を引くウマでしかない」と語ったというが、これは体力があってあたりまえ、それにさらなるプラスアルファがあるかどうかで生き残りが決まるプロの世界だからこそ通用する言葉だ。馬車どころかウマ一頭さえまともに揃っていない人間が大多数のアマチュアの世界では、やっぱり一にも二にも体力である。馬車もないし馬車を作る技術力もないけれど、前後半フルタイム出場してマンツーマン・マークを消化できるウマぐらいは用意できている選手。みんながへばって足がもつれる後半にも、たったいま手綱から放たれた仔馬のように、ひとり颯爽と駆けぬけられる選手。試合に出ると肌でわかる。後半に体力がありあまっている選手が一人いるかいないかでどれほど違うか。何より体力があってこそ練習もたくさんできるのだし、練習がたくさんできるほど実力も伸びるのだ。

ウマが必要だ。それは言ウマでもない事実だ。その三十分で一日の体力をすべて使いきったのか、夜までよれよれだった私は、翌日、ケタケタ笑うアホ毛とともにスポーツクラブの門を叩いた。カウンセリングルームでアンケート用紙のようなものをトレーナーから見せられ、いくつか基礎的な質問をされる。そのなかに、運動に期待する効果を選ぶ項目があった。

「もちろん、その効果以外期待できないというわけではなくて、さまざまな効果が一緒に現れてきます。ですが目的によってプログラムもかわりますし、メインで現れる効果が違いますからね。会員様が特に期待される方向に合わせてプログラムを作成します。一番はダイエットおよびスタイル改善、二番が体の歪みを直す、三番が筋力および体力の強化……」

「筋力および体力の強化です！」

「じゃあメニューも、ダイエット用ではなくて体力をプラスする方向にしますか？」

「ええ。体重はちょっとくらい増えたって平気なので、できるだけ体力がつく方向でお願いします」

よくフィットする体がほしい

三十代のキム・ホンビがスポーツクラブの椅子に座り、ダイエットのためでもなければボディラインを美しく整えるためでもない、ただもう体力アップの運動がしたいと言うようになるなんて、二十代の頃のキム・ホンビが聞いたら信じるだろうか？　おまけに、体重がちょっとくらい増えたって平気とまで言うようになるなんて、想像できるだろうか？

かなり長いあいだ、自分の体には〝健康〟よりも〝美しさ〟のほうを求めていた。元気ハツラツだった二十代の私にとって健康は非常に漠然とした対象で、一方美しさは目に入りやすいものだったのだ。そういう美の基準が社会によって作られ、嵌《は》められた足かせだと知っていても、鎖の窮屈さより美しさに魅せられていた。体のラインが出る服からオーバーサイズのものまで、何を着ても「よくフィット」していると言われる細い体でなければと。メリハリのあるボディライン＝Sラインのうち、上半身のほうは貧乳で知られるわが一族の遺伝的な問題で難しいとしても（もちろん、我々には革命的な文明の利器である〈上げ底嘘ブラ〉を発明してくれた先祖がいる。私は心の中の広場の片隅、エアコン発明家の銅像の隣に、その方のピカピカの銅像も建立して差し上げた）、やはり遺伝の力で生まれつき細い腰から下のラインだけはなんとかキープしようとがんばってきた。

うっかり太って体重計の一番左の数字が変わりでもしたら、まるで世界が一変したかのようだった。その一変した世界では、一日一五〇〇キロカロリー以上食べると即、嘘ブラ発明家の銅像が建つ広場のど真ん中で、私の食欲への公開裁判が開かれた。激しい罪悪感を植えつけられるとともに、いつも言い渡されるのは「厳格な断食」の刑。断食中、体は飢餓感でいっぱいで、サンチュの葉にかすかに残った焼肉のにおいにも苦しんだ。

出口なしと思われたこのブラックホールを少しずつ脱したのは、三十の峠を越える頃だ。正確に言えば、峠を越える途中に足を取られ、転びかけながら。誰よりも体力と健康には自信があったのに、半年以上、二度とこんな思いはしたくないと思うような大病を患った。病理学的な理由はいろいろあるだろうが、二十年ものあいだ、勉強するといっては、お金を稼ぐといっては、遊ぶといっては、寝る間も惜しんでやたらと体を酷使したせいが大きかったろうと思う。疲労は見えないところで着実にたまっていき、それが一挙に押しよせて大きな病気を引き起こした。見えるところに着実にたまるお肉なんかに気をとられていた私は、着実にたまったことのない通帳からあっというまにお金が入院費として消えていくのを眺めつつ反省をした。「手術したって死ぬかもしれない」可能性があるのに、「ほどよくフィット」する体ばかり意識して、死装束までフィットしてたら世話ないよ、と。「よく食べて死んだ幽霊の方が肌ツヤが良く」*て、食べないで死んだ幽霊は着こなしがオシャレってか？　あーあ、どちらもどうしようもない。どちらも見かけ倒しだ。

だが、その危機を無事乗り越えてふたたび健康を取り戻し、さらに何年かを何事もなく暮ら

＊ 韓国のことわざ。太ることを気にして食べないより、どんな状況でもよく食べたほうがいいという意味。

すうち、あのとき感じた無限の恐怖が次第に鳴りを潜めていた。またもや体の線が出るレザースカートをはく喜びや、キャリー・ブラッドショーばりのふわふわしたチュチュスカートを着るときの甘ったるい気分に傾きかけた頃、サッカーを始めることになったのだ。それは私の体への欲望に大きな地殻変動を引き起こし、新しい視点や態度を身につけさせてくれた。

そう。ひとつの欲望を打ち消すものは恐怖ではなく、より強烈な欲望だった。「サッカーが上手になりたい」という大事な目標。その下支えとなる「サッカーを上手にできる体」への欲望がむくむくわき起こり、それまであった欲望を圧倒したのだ。体形どうこうよりも二時間全力で走ってへたらない体、相手選手の守備のプレスにも耐え、「疲れて死にそうでも、足のほうが〝勝手に〟前に進む」体が欲しかった。自分の体を、サッカーに最適化した状態に持っていきたかった。「美しい髪形」より「楽な頭」、「きれいな体型」より「強い体」の方へ。体とサッカーの間に他の欲望が入る隙間がない、完璧な一対一のマンツーマンのように。

昨日も、来月の試合のことを考え、会社帰りに重い足を引きずってフィットネスクラブに寄り、デッドリフト五セット、ケトルベル・スウィング五ラウンド、スクワット三セットにプランク（これが一番しんどくて嫌！）をやった。トレーナーが久しぶりに中間チェックをしようと言うので体重を計ったら三キロ増えていたが、うち二キロが筋肉量と聞かされてうれしくなった。デッドリフトの重量を一〇キロ増やしてみたら問題なくでき、これまたうれしかった。運動を始めた段階から、とっくにとんでもない体重だったのだが。アマチュアのサッカー選手として筋肉をたくわえ、体力をつけることは、社会人としてお金をため、キャリアを積むことと似ていると思う。一日一日の変化が三十代の残りの日々、そしてきたるべき四十代、五十代をたくましく地固めしてくれると信じて。これからも、堅固（健康）な体のために！

あのときは嫌でいまはうれしいこと

先週は思いがけない変化を発見した。ウォーミングアップの時間。列になって軽くグラウンドを何周かしている最中に、私のすぐ後ろを走っていたジョンシル先輩が、どんなことも10倍で計算するあのジョンシル先輩が、突然大声を張り上げた。

「やっだ〜、ホンビってば。なによコレ！　なになに？　やっだ〜、あんた、ふくらはぎポコッて固まってるう！　ちょっとサッカーやっただけでもう足に筋肉つくようになったんだあ！　先輩、この子の足、見てやってよ！」

「うわ、ホントだ！　ホンビのふくらはぎに力こぶできてるわ！」

隣で受けるユンジャ先輩と、話を聞きつけてわざわざ私のふくらはぎを見に来ようとするメンバーで一瞬列が乱れた。統率しなければならないはずのキャプテンまで「どこよ、どこ？」と言いながら一緒に駆け寄ってきている。ちょっと、これってどうなの……。誰よりも驚いて、のぞきこみたいのは私なんだってば！　ジョンシル先輩に言われるまで気がついていなかったのだ。

「ちょっと、あんたの足もすぐにあたしたちみたいになるよ」

「でもこれ、たまたまできただけで、ちょっとほぐすとすぐ消えるかもしれないですよ。帰ったらフォームローラーでほぐしてみてください」

「いやあ、見たところ無理だね。しばらく運動しないで足休ませて、ハイヒールも履かないでいたら消えるかもしれないけど、ずっと運動して動かしてたらこの状態でがっちり固まっちまうよ。絶対なくならないね。ホンビ、あんた、サッカーしてどんくらいだっけ？　そうだ。あたしもちょうどそのくらいの頃にできて、今じゃカンペキこの状態。見てよ」

「うっわー、先輩の力こぶ、デカいとは思ってたけど、マジでカチカチ！」

「ジュボク先輩のはもっとひどいって。石だから、石！」

散歩にきた犬でさえ小声で吠える週末朝の静かなグラウンド。その片隅で、予想もしていなかったふくらはぎ剝き出しの力こぶ比べっこショーが騒々しく開催されている。いや、えーっと……朝っぱらから、人のふくらはぎを、それも力こぶを、見たくないんだけど……。だが選択の余地はない。結局、ふだん意識したことのないメンバーのふくらはぎをじっくり拝むことになった。サイズの違いはあれど、どのふくらはぎにも筋肉が玉になって固まっている。それだけではなく、傷跡や痣《あざ》、いや、そもそも皮膚が日焼けして濡れた砂のような色だ。短くて三年、長くて二十年。欠かさずトレーニングに参加し、個人練習を重ねる人々の足には、サッカーとともに過ごした時間がそのまま積み重なっていた。脇でひょろっと立っているまだ白くてつるんとした自分の足が一瞬恥ずかしくなるほどに。

いやいや。相対的につるんとしていただけで、私のふくらはぎには本当に力こぶができていた！　首を後ろに回して見てみると、筋肉がまあるい塊になってかすかに突き出ている。ああ、ふくらはぎに力こぶがつくの、あんなに嫌だったのに。嫌じゃなきゃおかしいだろう。でこぼこに盛り上がったふくらはぎを誰が喜ぶもんか。おまけにふくらはぎの力こぶは一度つくと取るのは至難の業という。だから、少なくない人がふくらはぎ筋肉退縮術という恐ろしげな手術を受けたり（ふくらはぎの筋肉に向かう神経を切って迂回させルートを変えたり、ふくらはぎの裏にある筋を切り取るんだそうな。ひえ〜）、ふくらはぎの力こぶ縮小注射を打ったりするわけだ。私だって力こぶができないよう、家に帰って日本のドラマを見ながら最初から最後までずっとふくらはぎをビール瓶で必死にならしていた日々がある。ぞっとするほど嫌だったものが、こんなにもはっきりとできているのだ。思ったより大きく、堂々と。

立った状態でふくらはぎにチラッと力を入れてみた。丸い筋肉がさらに硬くかたまり、ますますぼこりと突き出してくる。ああ、なんで、ふくらはぎに力こぶがつくかもって思わなかったんだろう。それに、いつのまにここまで大きくなったんだろう。ハハ。でもなんで、ここで思わず笑いがもれちゃうんだろう。なんていうの？　こうやって、ちょっと力を入れたり抜いたりすると力こぶが大きくなったり小さくなったりするの見てると（なぜかこれ中毒性があり、この日は暇さえあればずっと繰り返していた……）せいぜいサッカー歴半年ちょっとなのに体が正直にこういうものを作ることも面白いし、不思議な気もするし、私があっちこっちぶつかりながらプレーしているあいだにも、少しずつ育っていたんだなあと思うと変に感心もするし、なんだかサッカー人の足に一歩近づけた気がして胸がいっぱいになるし。いやあ、だからって力こぶが好きっていうのはおかしいよ。いやいや、でもなんか妙に憎めないよね？　と、一人でまた笑っていた。

まあ、そんなふうにちょっと怪しげなときもあるが、概して私の体とサッカーのマンツーマンはスムーズに進んでいる気がする。社会通念上の欲望、長い間習慣みたいになっていて、誰が欲しているのかさえよくわからなくなってしまっている欲望。そんなものより、自分がはっきり欲しいと思い、自分が欲していることが確かな何かを、私はサッカーとのマンツーマンのなかで新たに見つけつつある。そのことが、とても面白い。

そんなこんなでこの秋、私はボブカットに永遠の別れを告げ、かわりにふくらはぎの力こぶを手に入れることになった。そして私より先にこの道を進み、いまも疲れを知らずに精一杯ピッチを駆け回っている人々にまた少し惚れてしまった。やっとわかった。ピッチの上で一番ユニフォームにフィットするものは体力と実力なのだ。それを手にして輝いている彼女たちと、私は今日もサッカーをする。

リバウンド
世界でいちばん珍しいゴールとは

初ゴールのエンディング

最近少し焦っている。しょっちゅうゴール欲に襲われてウズウズしている。サッカーを始めてせいぜい九か月しか経ってないのにゴール欲なんて、そんな私の真っ黒な心の中をチームメンバーが知ったら、せせら笑うに違いない。夫はせせら笑う代わり、「いやあ、サッカーってホント大したもんだな。キミが酒以外の何かに欲を出すとは」とやや驚いていた（そしておちょくっていた）。その通り。もちろんサッカーが大したものなのはそうなのだが、実はすべてを本に書くことにしたのだ。「生まれて初めてのゴールに成功する瞬間」というエピソードを、ぜひ盛り込みたくなった。

サッカーというスポーツの醍醐味を「ゴール」に限定する必要はないし、それではいけないとも思うが（人はサッカーに対して、結果ありきの傾向が強すぎると思う）、いざ書きはじめると、素晴らしいドラマにみなそれなりのエンディングがあるように、この本にふさわしいエンディングがあるとすればそれはやっぱりゴール、それも私が決めたゴールでしょ、と思うようになった。ついでに言えばエンディングの最後の一文まですでに考えてある（大大大好きなW・G・ゼーバルトの『土星の環』の一節を引用するつもり。ゼーバルトって、う～ん、ちょっと悲壮すぎるか？）

となると、まずはシュートを打つことなのだが、ああ、それがいつになることやら。今のペースでいくと二〇一八年ワールドカップ前にボールキープなんかがちゃんとできていれば御の字で、二〇二二年ワールドカップ前にシュートがちゃんと打てればラッキーなほう。それまで出版社が待ってくれるはずもない。おまけに、チームでも選出とベテランの先輩数人以外、ゴールの味を知っている選手はほぼいないいじゃないか。

あきれるほどのテクニック不足を足の速さだけでなんとかカバーしようとするには、サッカーはかなり手ごわいスポーツである。あまたのサッカー本の中でも最良の書といわれる『サッカーとは何か』（ミヌムイン、二〇一〇年、未邦訳）で、著者のクリストフ・バウゼンヴァインもこう言っている。他の球技に比べてサッカーで得点を入れることは特に難しく、めったにないことなのだと。「サッカーのルールはなかなかゴールができないようになって」おり、「フィールドが広く、選手が多く、ボールを確実に処理することが困難という事実は、どれもがディフェンスにのみ有利」に働き、「いくつかの統計によると、サッカーでの攻撃行為で得点につながるものはごく少数」だと。つまり、サッカーでゴールが決まることはごく稀な、特別な事件なのだ。本のエンディングとして魅力的な素材でないはずがない。

じゃあそういう構造的な不利に加えて私の残念な実力という悪条件まで重なった場合、早くゴールを入れるために何かできることはあるのだろうか。コツコツ練習をして体力をつける？ピンポーン、止解です……が、そう答えるあなたは、大学受験まで残すところ一〇〇日で付け焼刃的な学習法を尋ねる相手に、「英数国を中心に予習復習を徹底しましょう」とか「古典をたくさん読んで思考力を養いましょう」とか答えてイラっとさせるタイプですね！　結論から言うと、結局、頼みの綱はまぐれ当たり、だった。ゴールを決めるいくつかの方法のなかから、まだまぐれの入り込む余地が多い方法を探しだし、最大限それに集中して本気でやる。が、そんな方法、あるのか？　あることはある？　それが見つかったとして、私にできるのか？　何日かずっと悩んでいた。

そんなある日、なんとかコリ《しっぽ》をつかもうとグルグル自問自答を重ねていたその合間から、つかめるようなコリ《しっぽ》のまったくない一頭のゴリラがヌッと姿を現してきた。決定的なヒントを携えて。おお、マジで答えは英数国にはなくても古典にはあるのだ！（おっしゃる通りです。人は、古典をたくさん読んで思考力を養わねばなりません）。刊行から三十年となる伝説の古典『スラムダンク』。このマンガを読んだ人なら、湘北のゴリラ、赤木剛憲がバスケットボールを始めたばかりの初心者、桜木花道に与えた最初のミッション、彼が人生初の試合で主導的な役割を果たすことができた、あの有名なミッションを覚えているだろう。「リバウンドを制する者は試合《ゲーム》を制する」。練習日の前夜、サッカーバッグに荷物をつめる私の頭上にこの言葉がドスンと落ちてきたのだ。そう、新米にはリバウンドがある！

おしりで名前書き

バスケットボールだけでなく、サッカーにもリバウンドはある。誰かの打ったシュートがキーパーのセーブやゴールポストに当たって弾き返されたとき、そのボール（セカンドボールと呼ばれる）を拾うこと。バスケみたいにしょっちゅうあることではないが、だからこそますます見逃すわけにいかない。ゴールポストの真ん前で起きることだから、誰にとってもヒヤヒヤする瞬間だ。そのボールをディフェンスが拾ったら？　一刻も早く可能な限り遠くへ蹴らなければならないだろう。フォワードなら？　急いでもう一度ゴールポスト目がけて蹴らなくては。後者のように、セカンドボールをシュートして決まったゴールは「リバウンドゴール」と呼ばれるが、そういうシチュエーションを指す韓国で一番一般的な言い方が「拾い食い」である。

なにやら北朝鮮のサッカー用語辞典に載っているみたいな単語*だが、「拾い食い」にはごっつぁんゴールに似たニュアンスがある。自分が直接決めたのではなく仲間のシュートがセーブされ、そのこぼれ球をたまたま真ん前にいた関係でトンと蹴ってゴールを決めるので、ラクして点をとるとつけられた名前なのだ。だから「拾い食い」のうまい選手は、その恐るべき得点力を評価されるよりも「運だのみの選手」的な悪評がつきやすい。フィリッポ・インザーギやチチャリートことハビエル・エルナンデスがその代表だ。そうなると世界のいたるところにいるファンは、彼らの動きやポジショニングの能力がどれほど優れているか証明しようと、口角泡を飛ばす、ならぬ指から泡を飛ばす勢いで、拾い食い直前までのキャプチャー画像を秒単位でババババッとサッカースレッドにアップしたりする。

私はインザーギとチチャリートのファンの意見に賛成だ。彼らが本当にいつもラッキーで、たまたまゴールを決められる位置に居合わせているわけではない。うまく拾い食いしたければ賢いポジショニングはもちろん、突然ダッシュする瞬発力も必要だし、ボールを最後まで追う集中力もキープしていなければ。誰にでもできることでは決してない。

だがもちろん、ただぼんやり突っ立っててたまたまボールが、ってこともあるはず！　特にディフェンス力がどんぐりの背比べのリーグならますますそうだ。実力は努力を糧に育つけれど、まぐれは偶然を拾い食いして育つものなのである。だったら私としては、ディフェンスを突破して直接決めるゴールとか（私のドリブルの実力ではとんでもない）、誰かからのパスを受けて押し込むゴールとか（私のキックとトラップの実力ではとんでもない）より、まだ偶然とまぐれが重なって決めるゴールのほうがはるかに目指すべき価値があるというもの。

『サッカーとは何か』にも、二〇〇五年のドイツ地域リーグで、キーパーがセーブしたボール

＊　北朝鮮はサッカー用語から極力外来語を排している。

が目の前の相手選手のおしりに当たり、どさくさまぎれでゴールとなったエピソードが紹介されている。つまり、とにかくどんな形であれ、ゴールポストの前でふんばっていればチャンスはくるのだ。おしりにだって！（そう言えばフィリッポ・インザーギもおしりでゴールを決めたことがある。おしりゴールで公式記録にも堂々と得点者として名を残すとは、まさに「おしりで名前書き*」のワールドクラス拡大版だ）。こうして私は、もしかしたら似たようなチャンスに恵まれるかもしれないと、無条件にゴール前へ張りつくことを固く心に誓った。おしりがあってよかった。今の状況では、足よりおしりのほうが信頼できる気もするし。

私の求めてるイメージは、これじゃないんだけど

そんなわけで、フォワードやウィングの役目を当てられた日は迷うことなくゴール前に走り、リバウンドのボールに飛びつくようになった。私の胸の内を知らない監督は「うわわホンビさん、普段と試合のときでキャラが大違いですね。意外に度胸があって積極的だあ！　そういうプレーはいいねえ、いい」とかなりのご満悦だった。あと一歩のところでゴールを逃したこともある。タイミングとポジションは申し分なし。問題はやはり足だった。焦ってキックに力が入らず、指一本の差でキーパーの手にボールがひっかかってしまったのだ。それでも「マイ人生初ゴール」に最も近づいた瞬間だった。「リバウンドでの拾い食い」を狙うことにした自分のチョイスへの確信も深まった。

不幸なことに、同じ時間、同じ場所で、別な誰かも私のチョイスに確信を深めていた。それは誤訳に似た確信で、おかげでそこから先は話が微妙に変な方向へ進んでいった。いつもとかわらないかにみえた練習試合の日の朝。「今日は必ず入れるぞ！」の気合いとともにサッカーシューズに足を入れていると、どこからともなく監督がやってきて、分厚い何かをサッと差し出してくる。へ？　なんでこれを私に？　ちょっと首をかしげたが、この監督なら突然アイロンとか丸ごと水炊きにした若鶏《ヨンゲペノスク》とか差し出してきても普段のキャラからいっておかしいことではないので、つい私もチラッと見てしまった。それからまたサッカーシューズの紐を最後まで結びきろうと前かがみになった瞬間、ようやく今見た物に込められた恐ろしい意図が背筋を這い上がってきた。

「へっ？　私ですか？　今日？　いやいや、まさか……違いますよね？　本当に？　私がですか？」驚愕に近い驚きで文章はあちこちぶつ切りになり、言葉の破片だけがクエスチョンマークをつり下げながらポンポン飛び出す。なんてこったい。ゴールキーパーグローブだなんて。いっそ若鶏の水炊きのほうがマシだったかも。

「どうどう。落ち着いてくださいよ、落ち着いて。急なことに思うでしょうが、みんな一度はやるんです。ここんとこ何回か見てると、ホンビさん、ものっすごい肝が据わってるでしょ。普通初心者は怖がって、一人で最前線までは出ていかないからね。それがゴール前にもガンガ

＊　韓国の幼稚園や小学校でよく行われる罰ゲーム。おしりを突き出して自分の名前を書かせ、羞恥心をあおる。

ン上ってって、ボールもちっとも怖くないみたいだし？　そんなんで、前から一度やってもらおうかと思ってたんですわ。ゴールキーパーは度胸があってこそ、だから」

先月に事前のお知らせは回っていた。主力選手でありゴールキーパーのジミンが、個人的な事情で今週から一〇週間練習を休むという内容だ。他人事だと思って、まさかそのグローブが自分に回ってくるとは考えもしなかった。みんな一度はやるだなんて口先だってこと、ちゃーんとわかってるんですけど。一度もやっていない先輩がどれだけいるか。私がどこか消化不良気味の顔をしていたのか、監督はカス活命水[*1]でも渡すように、ゴールキーパーグローブを私の胃のあたりにそっーと置いて、こう言った。

「ありゃー、リラックスしてくださいよ。いやあ、初めてなのにいきなりぴょんぴょん飛び回れ、なんてボクが言うと思います？　とにかく片っ端からセーブしろって、言うと思う？　まーったく期待なんかしてませんから、気楽にやってください。どうせできる人もいないんだし、この機会に経験を積むぐらいの気持ちで一回、ね。わかるでしょ？」

その言葉でスーッと鎮まればよかったが、もともとカス活命水に急な食あたりへの効果はない。私がいま必要なのは牛黄清心丸[*2]なんだってば。こうなると、一刻も早くマイ人生初ゴールを決めるという目標が最低一〇週はお預けになるかもという焦燥感は、人生初のゴールキーパーをしなければという圧倒的な重圧感に押され、どっかにいってしまった。

よく知られているように、サッカーにおけるゴールキーパーの役割は非常に重要だ。ただゴールだけちゃんと守っていればいいわけではない。試合全体の流れを読み、ときには声を張り上げてディフェンスにポジションを指示しなければならないし、ロングパス、ショートパスの両方を正確に、すばやくこなすテクニックも必要だ。強靭な精神力も求められるし、リーダーシップもなければだし、キックも上手じゃなきゃいけないし、ゴールキーパーの専門技術も不可欠だし、サッカーにおけるルネッサンス人みたいな存在。プロ出身とアマチュアの実力差が最も如実に出るポジションも、まさしくゴールキーパーなのだ。

とはいえ、この日のようにきちんとトレーニングを積んだゴールキーパーが不在の練習試合の場合、目をつぶられがちなポジションでもある。どうせ専門じゃないんだし、そんなにたくさんのことを完璧にはこなせるはずがないのだ。そういうときはかなりの部分をセンターバックが代わりにしてくれるから、キーパーはただシュートされたボールをうまくセーブすることに集中すればいい（それだってかなり難しいことではあるが）。

だからこそ、今日みたいな日にゴールキーパーを務めるべき人間は私以外いないのだった。他のメンバーは自分のポジションではないゴールキーパーをやって貴重な時間を使いたくないだろうし、実際のところ秋の大会にむけ、一度でも多くチームで呼吸を合わせておきたい大事な時期でもあった。ですよね……。そういうときの「穴埋め」要員といわんばかりの、大会で使えなくてフィールドで中途半端な新人って、必要ですよね……。

おまけに「もしかして知ってる？　ホンビって背も高いし瞬発力もあるし、控えのゴール

＊1　韓国人に最も親しみのある消化ドリンク。
＊2　高血圧、ひきつけなどに効くとされる漢方薬。学生が試験前に一種の安定剤がわりに飲むことも。

キーパー、できるかもよ。とりあえずやらせてみようよ」という空気もあった。私はその可能性にかなり懐疑的だったが、とにかく、そういうさまざまな理由に強く背を押され、結局はゴールキーパーグローブをはめることになった。スンウォンから十分ほど略式コーチングを受けて、ついにゴールポストの前に立った。

「どうしても手を使えない」問題

ポスト前に立った瞬間、すでにビビっていた。他のポジションを初めてやったときとは威圧感のレベルが違う。「ちゃんとできなかったらどうしよう」「失敗したらどうしよう」という心配、つまり「うまくできなかったら」をどうこう考えるレベルの心配なんて、まだのんびりしてて余裕しゃくしゃくってなもんだ。ゴールポストの前ではそれ以前の、生存や安寧を脅かされるレベルの圧迫感を感じる。顔に正面からシュートの強打受けたら、マジで痛いよね？ボールを止めようとして地面にダイビングしたら、擦り傷作るよね？　あ〜、痛いのやだなあ、ケガするのやだなあ……。心配を通りこして恐怖だった。

試合開始から二〇分はほとんどマトモな精神状態ではなかった。できることといえばとにかく飛んできたボールをセーブすること、たったそれだけで全神経が張りつめる。リラックスしてゆったり立ち、ボールがハーフウェイラインを越えてから緊張しはじめたってよさそうなものなのに、ハーフウェイラインどころかはるか向こう、反対側のゴール近くで敵がボールを奪ったただけで、ぷらんぷらん不安げに垂れ下がっていた喉ちんこがズドーンと落ち、お腹の底がぼこぼこ凹んでいく気がした。選手がパスをつないで前進し、ボールが（『スラムダンク』時代のもう一つの古典である映画『女高怪談』*での幽霊のジャンプシーンのように）あっという間にトン、トン、トンと大きく近づいて来ると、ゴールポストなんか捨てて逃げ出したくてビクビクと体を反対側に寄せかけるのだが、とはいえゴールを決められるのも嫌なので、ボールの飛んできそうな方向にもう一度、怯えながら体を移動させる。そんなふうにボールがくるたび鳥肌もので、自我は忙しく分裂していった。

その状態での一ゲーム目。たった四本シュートを受けただけで、一本につき十歳老けた気がした。試合終了時の私は明らかに、老年期一歩手前のような状態だった。エネルギーを使いきって気力が失われ、サッカー場の真ん中で熾烈な時間を送りながら飛び回っている者たちを遠巻きに見つめる。すると、賢明な老人が世間を眺めるときそうであるように、選手それぞれの動きやゲームの進み具合があまねく目に入ってきた。そしてよく腹が立った！　みんなのプレー一つひとつが私にボールが飛んでくるか否かの問題に直結するから、充分守れるところをミスしたり、一生懸命走らずにハナからあきらめモードのヤツが憎らしくてたまらなかったのだ。そんなときは心の中で絶叫した。先輩！　あっちだってあっち！　ちがーう、二人で同時にそっちに寄せててどうすんのよ！　ハッ、あっちにスペースが空いてんじゃん！　あ〜、

＊　一九九八年に韓国で公開されたホラー映画。邦題『囁く廊下―女校怪談―』。

ディフェンス、頼むからしっかりしてくれよう！　そのボール、その幽霊みたいなボール、こっちに来ないようにしてくれ。お願いっ。

だが甘かった。一〇分の休憩の後にすぐ始まった二ゲーム目からは、そんなことを思う余裕さえなかった。一ゲーム目では幸い失点こそなかったものの、私は誰が見ても新米ゴールキーパーのニオイをプンプンさせていたらしい。二ゲーム目から敵は、多少無理のある状況でも露骨にシュートを乱射してくる。ああ、私に浴びせられる、ありとあらゆるシュートの波よ。私がゴールキーパーとして名を呼ばれるまでは／シュートは単に一つの身振りに過ぎなかった／私がゴールキーパーとして名を呼ばれたとき／シュートは私のもとにきてゴールになった……。*それも、次々と。最初のゴールを奪われたときの感覚が体に記憶される前に二本目を決められ、三本目、四本目と続くと、最初のゴールを食らったときの気分がどんなで連続ゴールを奪われたときの気分がどんなだったか、区別さえつかなくなった。

ずっとシュートの洗礼を浴びているうちに、ある瞬間から飛んでくるボールへの恐怖感がかなり減り、左顔面の顎と頬骨のあいだにまともにボールを一回食らってからは一切なくなった。人にもよるのだろうが、私の場合、この種の恐怖は生じる痛みよりどのくらい痛いかが想定できないこと、すなわち情報の空白からくるようである。人見知りは痛みにも人見知りをするらしく、まだ知っている痛みのほうが未知の痛みよりずっと対処しやすかった。

問題は別なところにあった。「絶対に手でボールを取ってはいけない」というフィールドプレーヤーとしての強迫観念で、ここ数か月自分の両手をがんじがらめにしていた私は、ゴールキーパーになってもすぐに手を自由に使えなかったのだ。足元のボールをそのまま両手で拾い上げればいいところを足でこねまわしていて、慌てた仲間から「ホンビ、手!」と叫ばれ、「あ、そうだ。私には手ってヤツがあったんだわ」と記憶を掘り起こし、ようやく手を伸ばしてボールを拾うという具合だ。一度や二度ですまずに何度かやり、そのせいで数回危険な場面があった。ボールが飛んでくるたびに自我が分裂する事態はなんとか収拾したのに、今度はボールを拾うたびにアイデンティティの混乱を味わって大騒ぎだ。

初めてのことじゃない。フィールドでプレーしているときは逆の混乱があった。特にピンチのときほど。絶対に相手を止めたいのに突破のタイミングを許してしまい、体を投げ出してパスカットするタイミングも逃し、焦り、そうすると、知らないうちに手が出てゴールキーパーのパンチングみたいなことをしてしまうのだ。スアレスでもないのに（二〇一〇年、W杯南アフリカ大会準々決勝で、ガーナの選手のヘディングシュートをすばやく両手でパンチングしたスアレスをチラッと思い出してみよう）。

そうやって使えずにイライラしてきた手なのに、いざ使いなさいと場を用意され、グローブまではめてもらって一体なぜ使えないのか。私もイライラ、メンバーもイライラ、監督が何を考えていたかは不明のまま二ゲーム目が終了した。幸い四ゴールしか奪われなかったのか、四

＊　原詩は金春洙の詩「花」。「私がその名を呼ぶまでは／それは単に一つの身振りにすぎなかった／私がその名を呼んだとき／それは私のもとにきて花になった」。韓国人が好きな詩ベスト一位によくあげられる。

ゴールも奪われたのか、区別もつかない気分だった。

サッカーって、これほど不条理な総合芸術でなきゃだめ？

三ゲーム目、本日最後の試合が始まった。相手チームはかなり体力を消耗しているようで、こちらのゴールに近づくチャンスをほとんど作れず（あんなにシュート乱射してたくせにさ。ふんっ）、おかげで一〇分を過ぎても手を使わなければならないことも、ボールをセーブしなければならないことも何一つ起きなかった。むしろその間にこちらが二ゴールを決め、最初のゲームの一ゴールと合わせて一点差まで追い上げた。その後一度相手がシュートしたが、私が動く前にバーを大きく超えていった。同点も、逆転までも狙える状況だった。

しかし、二ゴールを決めた後はこちらも体力の限界に近づき、後半終了直前までこれといった攻撃ができずじまいだった。一点差とは思えないだらだらしたプレーが続き、こんな感じでなんとなく終わるのかなーと思ったちょうどそのとき、向こうの方で相手チームのキャプテンがボールを奪うのが見えた。

彼女はそのまま何歩かドリブルすると（いつのまにか肝っ玉が据わっていた私は、そのときまだボールがハーフウェイラインの向こうにあったため、少し緊張が緩んでいた）どうせもうすぐ終了のホイッスルなんだからどうにでもなれと思ったのか、前方にポーンと蹴り（そのときもまだ私は、きっとそのままどっかに飛んでいっちゃうんだろうと思っていた）、そのボールがあいにく相手チームのフォワードの足元でストンと止まって（ハッ！）あっという間に相手チームに得点のチャンスができてしまった。向こうにいたこちらのディフェンスも急いで戻る。私もギンギンに緊張しながら、ボールを持っている選手の動きを固唾をのんで見守った。喉ちんこがもう一度お腹の底にズドーンと落っこちた。

相手チームの選手は、いつのまにか立ちはだかったミナ先輩を避けて横にドリブルで進むかと思いきや、突然逆をついてミナ先輩を突破してしまった！　相手選手の前にはゴールポストが、そしてゴールポストの前にはガタガタ震える私がいた。おそらく彼女の目には私の姿なんて映っていなかっただろう。あわててミナ先輩が追いかけたが力及ばず。相手選手は余裕のある動きで、しかし断固たる態度で、ゴールめがけてシュートを放った。

「パンッ」

ボールを弾き返す音とともに、片方の手のひらの一部がジンジンした。普通、ボールが飛んでくるときはかすかにであれ軌道が見えるものだが、今回のシュートはあまりに強く、速く、相手選手がボールを蹴ったまさにその瞬間で私の記憶はプツンと切れていて、そこから先は早送りボタンを押した映画みたいにパンッという音の場面につながっていた。プツン、パンッ！　どさくさまぎれに腕をパッと伸ばし、ボールを叩き落としたみたいだけど……待てよ、じゃあボールはどこだ？　餌を探そうとせわしなく頭を動かすスズメのように、急いで四方を見回す。あっ！　ボールだ！　右側の腰の後ろあたりにボールの一部がチラッと見えた。幸いネットには引っかかっておらず（万歳！）、ゴールラインも割っておらず（万歳！）、ラインの手前で地面に一度バウンドしたところらしい。ホッとする間もなく再び焦った。ゴールラインの近くにまだボールがあるということがこの上なく不安で、嫌で、急いで近寄る。一刻も早く向こうに追っ払ってしまおうと、ポンとボールを蹴って、蹴ったんだけど……。

えっ……？　予想と反対の方向に飛んだかと思うと、ボールは入った。入った。ゴールポストの中に。あああああ！　入ったぁ！

「わぁー！」

相手チームの選手たちがぴょんぴょん飛び跳ねながら力いっぱい歓声を上げるのを尻目に、私と、ゴールラインの向こうでうつむき加減のサッカーボールの二人だけがこの無情な世界に取り残されたようだった。そんな……入るって。現実をまだ全部受け止めきれない頭の中で、この直前までの状況がぐるぐる回っていた。さあ、ではここで、今度は巻き戻しボタンを押して、私が数秒前に書いた文章をもう一度見てみましょう！　まさにここ、「早く向こうに追っ払ってしまおうと、ポンとボールを蹴って」。ここにすべての問題があったのだ。なぜ足で追っ払う？　私はディフェンスか？　ゴールキーパーじゃん！　手でつかめよ。なんでポンと蹴るんだよ？　つかまなきゃ！　つかまえとかなきゃ！

ゴールキーパーのファインセーブで弾かれたボールをリバウンドでゴールにつなげること、つまり、私があれほど長いあいだ願ってやまなかった、そうすべく努力していた、「ポンと蹴って拾い食い」はついに達成された。だがよりによって、キーパーは私だった。このシナリオでゴールキーパーも自分、拾い食いするのも自分ということが成立するとは。まったく思いもよらないどんでん返しだ。まるでポーランド映画学校二年生が、実存主義に悩みぬいて書いた短編映画のシナリオみたいだよ。人生初ゴールを決めることだってものすごく非現実的で不可能の領域のことに思えていたが、人生初のオウンゴールを決めるなんて、そもそも想像の域を超えた出来事だった。しかもその二つは「同時に」起きた。サッカーって本当に、こんなにも不条理な総合芸術なのでございまする。

自我の分裂はもちろん、得体のしれない裏切られ感、仲間への申し訳なさや恥ずかしさが細胞分裂して無限増殖するなか、終了のホイッスルが鳴って試合は終了した。まだゴールラインを割ったまま静かにとどまっているボール、私のオウンゴール、自責の念を抱かせるそのオウンゴールのボールを拾い上げ（だ〜か〜ら！　もっと前にそうやって拾っとこうよ！）ゴールポストの外へとぼとぼ歩いていると、メンバーが駆け寄ってきて肩をたたき「平気だって、ホンビ。クリアするのが難しいボールだったんだよ」「蹴ってなかったらすぐ入れられてたって！」と慰めの言葉をかけてくれ（でも笑いをこらえきれなそうな表情だった）、ゴールキーパー、キム・ホンビの冒険はそこで終了した。「ホンビさん、ゴールキーパーはダメっぽいわ……」と、監督が（笑いをこらえてもいなかった）翌週はスンウォンにゴールキーパーグローブを渡すことを宣言したからだ。

何はともあれ、みなさん……。わたくし、はじめてゴールを決めました。ええ。まさかこれで最後ってことはないと思います。ゴールキーパー、キム・ホンビの冒険は終わりになりましたが（正確にはオシャカになりましたが）、拾い食いキム・ホンビの冒険は続いております。

その日まで、ゼーバルトの『土星の環』は、落ちた喉ちんこが数十個ほど転がっている私のお腹の奥深くにまた仕舞いこみ（ゼーバルトさん、本当にごめんなさい）、今やわたくしめは、容赦なく弾き飛ばされた気持ちをどうにかリバウンドさせ、またグラウンドに戻せるようがんばります。くすん。

スローイン

両足を地面につけてボールを投げれば、試合は続いていく

後ろ姿は、前から見た姿ではない

サッカーを始めるまでまったく予想もしてなかったことの一つ目は、おじいさんたちとサッカーをする機会が多いことだった。柔道やボクシングのように階級分けをした場合、パワーからいっても体力からいっても二十〜五十代の女子チームと六十〜八十代男子チームが通常同じ階級となり（ごくたまに三十〜五十代男子チームとの試合もあるが）私たちはまずは同じ女子チーム、次に六十〜八十代のおじいさんたちシニアチームと、地道に試合を重ねている。

そんなふうにシニアチームとのサッカーを定期的にしていると、そこからまたまったく予想もしていなかった二つ目の事態が発生するのだが、それは他でもない、シニアチームの選手は……亡くなる、ということだった。一人のおじいさん選手の訃報が入ったその夜更け、私は誰かが力いっぱい蹴ったコーナーキックをまともに頭に食らったような状態だった。ああ、そうだ。人っていつか死ぬんだ……。そうだよね。確かに。あの人たち、おじいさんだったね……そんなあたりまえの事実にはじめて気づいたみたいに、ぼんやりと途方に暮れた。実際、年齢を考えればさして驚くことではない。いまシニアチームでサッカーをしている人もそうだし、試合に出るのが難しくてコーチングスタッフとして後方に退いた人たちはますますそう。みんな、結構なお年なのだ。人生百年時代を基準に考えればまだまだ現役でも、亡くなったと聞かされて驚かない年齢。

けれど、それが一緒にサッカー場でサッカーをしていた人だと思うと、やはり愕然とした。サッカーを始めたとき、一緒にプレーする人の死を経験するかもしれないという、自然の摂理にしたがえば今後もずっと続きかねないこのリスクを、どうして誰も教えてくれなかったんでしょうか？　ねえってば？　泣きたい気分でベッドにもぐりこんだ。

訃報の翌日はＦＣペニーとの練習試合だった。ＦＣペニーもそのシニアチームとは何年も試合をしていて、かなり親しかった。サッカー場に向かうバスのなか、チーム掲示板でメンバー数人とＦＣペニーのキャプテンが弔問のことを打ち合わせするやりとりがずっとｉＰｈｏｎｅの画面に上がっていた。実は私はそのおじいさんのことをほとんど知らなかった。訃報をきいてはじめて、その人のフルネームを知った。それまではただの「17番じいさん」だった。17という赤い背番号と、グラウンドの砂に足で描いた絵が風でところどころ飛ばされて崩れたようなシルエットだけがなんとなく浮かんできた。顔が思い出せそうで思い出せず、私はシニアチームのおじいさん一人ひとりの顔を思い返してみた。

思えばデビュー戦の対戦相手もシニアチームだったたし、ついでに言えば今年の誕生日だってシニアチームと一緒に迎えた。たまたまシニアチームと練習試合をした土曜が私の誕生日で、たまたまうちのチームが誕生日を迎えたメンバーには試合のあと必ず簡単な誕生パーティを催すことにしている心優しいチームで、たまたまその日はシニアチームのおじいさんたちと久しぶりにサムゲタンを賭けた試合の予定だった。いくつかのたまたまがうっかり重なり、私はカフェで友人たちとケーキを囲んで誕生パーティをするかわり、なんとサムゲタンの店で若鶏の水炊きを肴に昼酒をやり、生まれてはじめて会う名前も知らぬおじいさんたちと過ごすことになったのである。

まだ時間が早かったのと二十人も入ればいっぱいの店だったせいで、客は私たちだけだった。ある程度酒が回り、盛り上がってきたおじいさんたちとうちのチームの五十代、六十代の先輩が「ホンビの誕生日を祝って一曲お届けしよう」という名目で（「一曲歌おう」ではなくて本当に「一曲お届けしよう」と言った）順番に歌い始めた。ユン・スイルの「アパート」に始まってチャン・ユンジョンの「オモナ」、キム・スチョルの「咲けない花一輪」（いや、いくらなんでも誕生を祝う曲に「咲けない花一輪」って、あんまりじゃないですか……）がサムゲタン屋に響きわたり、ジョンシル先輩に手を引かれて登場した顔なじみのサムゲタン屋の主人が、歌に合わせて獅子舞風ダンスを披露して雰囲気は最高潮、パク・サンチョルの「無条件」を全員で合唱して華麗に幕を閉じるという、人生で最もありえなくてファンキーな誕生パーティだった（パーティの主役には一切歌を勧めず、自分たちだけで楽しむところまで完璧だった）。

バスの座席で、あの日いたおじいさんのうち、どの人が17番じいさんだったのか思い出そうとがんばった。どうしておじいさんたちの顔って、みんな同じように見えるのだろう。もともと察しが悪くて人の顔を見分けるのが苦手、覚えも悪いほうだが、世代間ギャップに加え性別の違いまでがしっかり二重にコーティングされると、中身の顔のほうはますますわかりづらくなる。おまけにあんなふうに「グループ」としてのキャラクターが立っていると、グループを構成している個体間の違いはぼんやり曖昧になって混乱するのだ。

結局記憶を引っくり返すことはあきらめ、チームがSNSで共有している画像を見ることにした。だが数百枚ほどアップされた両チームの練習試合の写真を一枚一枚眺めるうち、そもそもこの方法でチェックをすることは論理的に不可能だとわかった。17番という数字は後ろ、背中についているから、顔と背番号を同時に確認することは無理なのだ。絶妙に首を背中のほうへ向けた写真でもない限り、後頭部ばかりを続けざまに見せられるだけ。後ろ姿から正面の姿を探すなんて。遠足の日に自分を数に入れないで頭数を数えていた童話のブタさんだって苦笑いするやり方だった。

ことによるとホモ・エレクトスの争い

彼が誰か判明したのは、サッカー場に着いて一ゲーム目を終えた後の休憩時間だった。サッカー場の雰囲気は、いつもと同じようでいて違っていた。すれ違いざまに目が合うと「ホンビ、聞いた？」「ええ……」「はあー……」と互いに一瞬、苦い表情になる。親しいかどうかにかかわらず、一応練習試合の時は最終の三ゲーム目が終わるまでお互い話をしないのが暗黙のルールになっていたが、今日にかぎってはうちの選手とFCペニーの選手が三々五々集まり、何かを真剣に話し合っている。混乱し、ざわついた雰囲気だ。重要な試合を控えた朝のように。

そんななか、「ところでその人、誰ですか？」と聞く選手が数人いた。私以外は当然、シニアチームの選手に詳しいのだとばかり思っていたので、少し驚いた。質問した選手の中には二、三年目でなく五年目の人もいたからだ。

「やだ、そんなわけないでしょ。あたしたちだってそれほどじいさんたちのことは知らないのよ。何人かが顔見知りなだけ。話すのだっていつも同じ人だしね」

この「顔見知り」は、ほとんどがシニアチームの監督やコーチ、社交的で声が大きくて話がうまいからサッカー場や会食の場でムードメーカーになっている二、三人、それにポジションの関係でぶつかることの多いおじいさんたちぐらいのものだった。あえて自分の例を引き合いに出すと、アンナム市から来ていた6番じいさんみたいな？　つまり、一緒に試合をしていたとしても、うちのチームの左サイドバックの選手が対角線上のはるか向こうにいる相手ディフェンスとはめったに顔を合わせることはないのだ。特に私たちのようなアマチュアの試合ではますますそう。同じクラスでも、窓際・列目の前から三番目に座る子と、窓から四列目の前から七番目に座る子では、席替えがないかぎり一年に一言も話さずに終わりかねないのと似た理屈だろう。

もちろん、違う意見の持ち主もいた。休憩時間に一列目にも行き四列目ものぞき、よそのクラスにも顔を出して遊ぶような、マメで無遠慮なキャラクターの子ならこう言うはずだ。

「ちょっと～、それはあんたたちが冷たいからでしょ。五年以上同じサッカー場で一緒にプレーしてんのに、どうしてそんなに知らないでいられるの？　ハッキリ言って、私だって名前をちゃんとは知らないよ。こうして不幸の知らせもらったら、あ～、あの人こういう名前だったんだな～って気づくし。でも、名前以外のことはちゃんとわかってるしね」

クラスに必ず一人はいる「そういうキャラクターの子」の典型、ジョンシル先輩に揚げ足を取られ、オ・ジュヨンが悔しそうに反撃した。

「そりゃあ先輩は、練習がない日だってじいさんたちがときどき店に来るからそうでしょ！　あたしたちはここで顔合わせるだけですから。この前スローインでイェリョン先輩に怒られてたってこと以外、まったく覚えてないもん」

「ああ！　あんときスローインで、ファウルだ、ファウルじゃないってやってるうちに怒って家帰っちゃった、あの人？」

やっとわかった。顔立ちや姿かたちをはっきり思い出せたわけではないが、風に飛ばされ、崩れかけていた絵の一部がよみがってくる。断片を頭の中でつなぎ合わせると、なんとなく見覚えがあり像を結ぶ顔があった。顔よりハッキリ思い出したのは、いつだったかピッチの上に響きわたっていた声だ。オ・ジュヨンの言っていた、17番じいさんのスローインが反則か否かをめぐってイェリョン先輩とちょっとしたいさかいがあったときだった。

スローインとは、タッチラインを割ったボールを外からピッチに投げこんで、中断していたゲームを再開させることを言う。パッと見たところとても簡単そうだし（両手でボールをつかんで前に投げるのって、三歳児でもやるでしょ?）、プロの試合でもあまりスローインでのファウルにお目にかかることがなかったから（二〇一四〜二〇一五、UEFAチャンピオンズリーグ準決勝第二戦で、カシージャスが試合終了一分前に衝撃的なスローインファウルをしたことはあったが……）、十数年のサッカーファン歴でスローインがややこしいルールだと思ったことはこれっぽっちもなかった。だから、一般人がサッカーをするアマチュアの試合ではしょっちゅうスローインのファウルがあると知り、はじめは驚いた。多ければ一試合に三、四回ファウルがある。先日の大会を前に私たちも監督の指導の下、二時間スローインの猛特訓を受けたほどだった。

これが、やってみると難しいのだ。遠くに投げようとするとしょっちゅう地面から片方の足が離れるし（両足を地面から離してはいけない）、足に意識を集中させているとしょっちゅうボールをおでこの前から投げることになる（ボールは「頭の上」になければいけない）。サッカーには、プルコギの肉の味付けぐらいしっかり正しい動作を体にしみこませないと、少し試合がバタついただけですぐもとの悪い癖が顔を出すという類いのテクニックがあり、スローインもそのひとつである。結局、練習なのだ。人間の肩書がホモ・エレクトスだった頃から、「投げる」という能力は自由自在に使える能力の一つだったそうで、ニール・ローチという生物進化学者は「スピードと正確さを備えた投てき能力は、人間にのみ見られる固有のもの」とまで言いきっている。が、そのままではスローイン一つまともにできない。その程度のことも特訓し、必死に体に覚えこませなければならないなんて。あーあ、本当、サッカーってラクしてできることが一つもないよ。

17番じいさんとイェリョン先輩がもめたのは、特訓のすぐ翌週の練習試合でだった。特訓のおかげで他人のスローインの動作の一つひとつが、まるでルテインとオメガ3脂肪酸が眼球でタンゴを踊っているみたいによく見えるようになっていたうちのメンバーは、普段だったらそのままスルーしていたであろうシニアチームの反則をいちいち指摘しまくった。その日に限ってスローインをたくさんしなければならなかった17番じいさんには特に酷な一日だったと思う。ポジション上ずっと彼に張り付いていたイェリョン先輩は、見咎めるたびせかせかと審判にアピールした。見えていなければちがったかもしれないが、既に味わっていた特訓での禁断の果実を吐き出すのは難しかったのだ。

「審判、地面から足が離れてるじゃないですか!」

「今、体が変に開いていたっぽいなあ。ファウル! ファウル!」

「左足が先に地面から離れてたの、見えませんでした?」

微に入り細にわたる指摘が繰り返されるたび、17番じいさんのイライラも募り、「ボールがおでこの前だったじゃないですか!」という(カシージャスがやらかしたスローインのファウルもそういう感じだった)指摘で四回目のファウルを宣言されると、ついに爆発した。

「おいっ！　手からボールが離れるたびに、なにかといえば反則って騒ぐとはどういうつもりだ！　ずっとそうやって試合を中断させる気か？　いつもと同じようにやってるのに、これまで何も言わなかったものが、ここにきていったいなんのつもりなんだ、まったく」

「いつも通りが全部反則なんだから仕方ないですよね。今からでも遅くないから、もうちょっとちゃんとやりましょうよ。練習試合だからっていつも適当にやってるから、大事な大会でもおんなじことしてさんざんファウルになるんじゃないですか。だったらこんな練習、いくらやったって無意味ですよ。違いますか？」

ぐうの音も出ない見事な正論だ。そしてもともとイェリョン先輩は普段からケンカに強い人だった。体を使ったケンカであれ、口でのケンカであれ。何年も同じようなポジションで誰よりイェリョン先輩に苦められた過去を持つ17番じいさんが、それを知らないはずがない。彼は「試合の後で、もう一度ちゃんと話そうじゃないか」ととりあえず一歩退き、次にもう一度ファウルを指摘されたときは、審判がファウルと叫ぶ前におとなしくこちら側にボールを渡してさらに一歩退いた。そんなふうに試合が終了し、最後のゲーム前の休憩時間、じいさんはそもそもサッカー場から退いた。荷物を持ってそのまま競技場を出て行ってしまったのだ。「後で、もう一度」もなく。

「そうやってこっそりいなくなってどうするつもりだよう？」「おーい、そんな真似はやめてもう一ゲームしていいかんか！」という周りのおじいさんたちの引き止めにも右手を挙げてゆっくり挨拶を返すだけで、17番じいさんは大通りに向かって大またに歩いて行った。その後ろ姿を、私もハラハラしながら眺めたのだった。

ことによるとホモ・デウスの争い

ここまでが、17番じいさんについて私が記憶している最後の場面だった。たしか翌月の練習試合では緊張状態もゆるみ、何事もなかったように一緒に試合をしたはずだが、思い出せることは何もない。その後もずっと一緒にサッカーをして、食事をして、何度かスローインもあっただろうに。きちんと認識していないと、記憶として刻まれる場所もないのだ。悲しいことに。

落ち着かない雰囲気のまま練習試合は終了した。サッカー場のフェンス越しに、正午に向かう太陽の光が芝に網目模様の影を落としていた。その芝の片隅に、私たちとFCペニーの選手は一緒に腰を下ろした。案の定、弔問と香典についての話し合いだったが、話はまったく予想外の方向に進んでいた。いつも歯切れのいい口ぶりのキャプテンが、「うーん」と間投詞を長く伸ばしていることからしてそうだ。はあ……、その〜、えーっと、という言葉をいくつか重ねたあとで、キャプテンは神妙な面持ちで話しはじめた。

「とりあえず、これはFCペニーのキャプテン、コーチ、総務を含めた一部と、ウチらの一部の意見を総合して、アタシが代表して言わせてもらうことです。こうしようって言ってるんじゃや絶対にない。提案だから、他に意見や補足があったら積極的に言ってほしいんですけど、えーっと……。いままで、お香典はみんなから集めて、団体の名前で出してましたよね？　今回からはそうじゃなくて各自で、出したい人は出す、そうじゃない人はしない、そんな感じで、各自の判断でやるのはどうだろうかって思うんです」

「いつも通りすればいいのになんでよ？　まさか、お香典を出したくないって人がいるわけ？」

ユンジャ先輩の最後の疑問符には棘があった。話し合いがどう転がるのか読めずにぼんやり聞いていた私の耳にさえ、その棘には「お香典を出したくないやつは人間じゃない」とサッと線引きするニュアンスが感じられた。キャプテンもあえて遠回しにはしなかった。

「先輩と違って、お香典を出すのが負担だって人も結構いるんです。普段の会費だってきつい人が多いのに、また別でかかりますから。それに、こういう言い方したらどう思われるかわかりませんが……シニアチームではこれからも、時間が経つにつれて亡くなる人が続くでしょうし……こうやって訃報のたびみんなからお香典を集めて渡すっていうのがあたりまえになっちゃうのって、それは……」

点々が連なるキャプテンの語尾の合間を、今度はジョンシル先輩がほじくり返す。

「ちょっとお、だけどそれってないわよ。あの人たちとどんだけ一緒にプレーしてきたと思ってんの。これからだってずっと一緒にサッカーしていくのに。そういう時間を、そうやってお金で換算して考えるのっておかしいでしょ。まったく。人情ってものがないわけ？」

話すうちに感情が高ぶったジョンシル先輩が途中で急に立ち上がると、それにつられて隣にいたFCペニーの総務の先輩も一緒に立ち上がり、ジョンシル先輩の腕をとった。

「やだ、ジョンシルさん、そういう話してるんじゃないでしょ。ジョンシルさんの気持ちはわかるよ。特にジョンシルさんたちは、私たちなんかよりずっとじいさんたちと仲良しなんだもん。当然、残念に思うとおもうけど、でもサッカー場で一緒にサッカーしてるからってお互いよく知ってるわけじゃないし、よそよそしい人もいるしねえ……ジョンシルさん、当然の慣例みたいにしないで、各自でってことなんだから怒る必要ないって！　まったくナシにしようっていうんじゃないんだから」

「ふざけないでよ。ナシにしようっていうのとどう違うわけ？　お香典を出すのはナシにしよう。でも、出したい人はご自由に。そういうことでしょ？　それになに？　あたしがアニキたちと特に仲良しだからだ？　じゃあ、仲良しじゃなきゃ出さなかったって言いたいの？　あたしが仲良しじゃないと香典も出さない、そんなひどい人間に見えるっ？」

「じゃあつまり、私たちのほうがひどいって言いたいのね？　こういう話をそういう人格の話にしたらダメよ。だって、みんな状況が違うんだし、事情ってものもあるんだから。出したくない人、負担になる人だっているかもしれないでしょ。それにあっちのチームはみんな、普通でいったらこっちより早くあの世に行くわけで……」

「ちょっと、あのチームでいま一緒にやってる人たちがみんな死んだって、一人五万ウォンず＊つ包んだとしても一五〇万ウォンよ。一括払いでもなければ十二か月分割払いでもない、百か月払いぐらいのもんで。それがこんな薄情な仕打ちをするほどの大金？」

「先輩、とにかく、シニアチームにも毎年新しく人が入ってくるわけですよ。慣例にするとしたら基準は？　一緒にサッカーして五年のじいさんにはちゃんと出す、三年にはそこそこ、去年入ってまだ数か月しか経ってない人には『親しくありませんでしたので、お香典は省略させていただきます』って出さない？　三年いてもほとんど試合に来ない、顔もよく知らない人の場合は？　結局、線引きがあやふやになって、いいから全員出そうってことになりますよ……違いますか？」

　キャプテンのよどみない説明の意味をかみしめているのか、それとも反撃の言葉を探しているのか。ジョンシル先輩が一瞬黙ると、その隙にＦＣペニーのミッドフィルダーがキャプテンの言葉を引き取った。

「まったくさあ、あんたらはそうやって、なーんでもドライに割りきれてうらやましいねえ。あたしゃ頭が悪いから、そもそもそんなこと、考えもしなかった。あたしがわかってんのはこれだけよ。とにかく、運動してるもん同士、一緒に汗水流して体ぶつけあってるうちに情がわくんだってこと。勤め先の人間とは違ってね。あんたらも同じだとばかり思ってた。だって、あたしにとってはあんたらだってそうだからね。ところがあんたらは頭で、この先輩は親しいか、何年一緒にやってるか、冠婚葬祭に金を出すほどの仲かって、そんなことを考えてたんだ？　ああ、怖い怖い」

「先輩、そういうことじゃなくて…」

＊　五万ウォンは日本円にして約五千円。

「じゃあなによ？　あたしやジョンシルやユンジャは、アニキたちと仲良しだからそう思うだって？　あたしはまったく仲が良くなくても、一緒にグラウンドで汗まみれになって体をぶつけてプレーした人が死んだら、それが誰であろうが、知り合って一年だろうが半年だろうが、当然香典は出すよ！　だろ？　それが人の道ってもんだからね！」

「この前も香典のことで何人かそんな話してたけど、今度は陰で、みんなで口裏合わせをしたんだ？　本当、年取るってのはみじめなもんだね。お前さんたちは死なないんだ？　死なないんだろ？」

「先輩！」

FCペニー最年長の先輩の言葉が決定打になった。キャプテンとFCペニーの総務の先輩がカッとして声を荒げ、口を閉ざしていた他のみんなも互いに言い過ぎだと騒ぎだし、あちらこちらで言いあらそいが始まった。二つのグループに何人かが割って入り、「とりあえずシャワーして、着替えた後で、もう一度話し合おう」と、それぞれを別の更衣室へ引っ張っていった。だがここでも「後で、もう一度」はなかった。ジョンシル先輩のグループがそのまま帰宅してしまったからだ。結局残った人間、お金を義務的に徴収すべきでないと考えるメンバーだけでさんざん話しあって、今回だけはこれまでどおり集めて渡し、時間が経ってから再度ちゃんと話し合おうということになった。話の途中、キャプテンが私に言った。

「ホンビ、あんたは出さなくていいから。もともと入団一年目からは慶弔金、もらってないしね」

後ろ姿は、前から見た姿だ

斜めに歪んだ網目模様が、私の心にも影を落としていた。本当のことを言うと、私は団体で冠婚葬祭のお金を徴収するという文化が好きではない。同じ一つの出来事でも、人によって受け止めかたはさまざまである。その型によって、込められる想いも、それを世間に提示するやり方も変わってくる。何の想いも抱かず提示するもののない人だっているだろう。そういうことを無視し、何人かが率先して「こうするのが人としてあたりまえ」と個人的な信条を一般化し他人のモラルを刺激するというやり方が嫌なのだ。道徳で彩られた型ばかりを押しつけて、なにか他のかたちで提示しようとする人にモラルの面から審判を下そうとしたり、倫理的呵責という荷物を負わせようとする。うんざりだった。ただそれぞれの気持ち、それぞれのやり方、それぞれの状況にゆだねてはダメなのだろうか。いま進行中のこの慶弔事への統一ルール作りという動きだって、ルールの外にいたい人はいるだろう。まだ起きてもいない、どういうふうになるかもわからない今後の慶弔事にルールや慣例を決めておくのは、ますます不合理だと思う。

にもかかわらず、この日はどういうわけか簡単に自分の気持ちが決めきれなかった。議論の性格上避けられないとはいえ、シニアチームのおじいさんたちを「死んでいく人」とカウントする流れに引っかかったのかもしれない。失礼だからというだけではない。まだ生きている人のお香典を話し合う方法、つまり「死の値段」を決める方法には、頭ではよくわかっていながら（無）意識的に見て見ぬふりをしている「人としての価値」の値踏みが、部分的に反映されるからだ。思ってもいないところでそんな計算を目の当たりにして、何の防御機制をとる間もなかった私は、自分の人間らしい部分を揺さぶられてしまった。「親しいとか好感を持っているとかそれ以外の理由とかで、自分はその人の死、その死にくるくる巻きついているその人の人生に、このくらいの金額を出せる」「この程度悲しんでおけば〈適当〉」と、はっきり目盛り付きで交わされるメッセージ。（偽の彩りだとしても）道徳の彩りをかなぐり捨てて、（不要なことかもしれないけど）こういうときは沈黙すべきというタブーを冒して、そんなやりとりが交わされる渦中にいるのがしんどかった。少し怖くなってしまうほどに。

だが、幸か不幸か一瞬麻痺していた防御機制はわりとすぐに立ち直り、おかげで私はこの状況をいちはやく別の状況と等価で置きかえて考えられるようになった。いま話し合われていることが冠婚葬祭のうちの「葬」、「死」にまつわることだから、重く、複雑で、良心の呵責を感じやすいが、これを既婚チームと未婚チームのあいだのご祝儀問題に置きかえたら、もう少し気楽に考えられるんでは？　もちろん、既婚チームに再婚者が出ることもあるし、未婚チームに非婚主義者がいるかもしれないが、それを言い出したら、シニアチームに超ご長寿のおじいさんが現れることもあれば、うちのチームに早死にする人が……（ああっ、ダメだダメ！　そっちの悲しくて危いほうには近づかないっ、こっちのシチュエーションに集中するっ！）。と、とにかく、その場合、未婚チームの誰かが結婚するたび毎回既婚チームからご祝儀を徴収して渡すという慣例を作ったら、既婚チームには不合理だろう。そう。結局お祝い事であれ不幸であれ、両チームで今後発生する頻度に大きな開きがあれば、それは慣例を作らないほうが正しいはず（そう、私はやっぱり団体でお金を集めるのはやめようという意見に賛成する）。

それでも、お祝いとお悔やみは別に考えるべきではないか、祝賀と哀悼では重さが違うのではないかという気持ちを最後までぬぐいきれなかった。そしてふと、こうやって悩めること自体、私が冠婚葬祭の主人公にさしたる個人的な感情を持っていないからだと気づいた。自分にとって大切な誰かのことだと思えば、お祝い事と弔事のどちらに大きく心を揺さぶられるかは自明の理だから。やらなきゃならないことばかり考えるから、面倒な問題に思えるだけなんだ。

あれこれ考えているうちに、悼む、ということの重さはまったく別のもののように思えてきて、私は余計わからなくなった。以前の私なら、明らかに心のこもっていない形式的なものは無意味だと考えただろう。でもいまは？　セウォル号事件を経験して、人の死に対し形式的な哀悼さえ示さない恥知らずな者たちへの深い嫌悪が積み重なり（あれとこれとは明らかに位相の違う問題ではあるが。いや、違う問題であったとしても）「悼む行為を省略している」と思わせる何かを前にすると、私は戸惑ってしまうらしい。あきらかにこの二年で「悼みにこめられた誠実さ」より、たとえ形式的、虚飾的なものでも「悼む行為を行うこと」を心にとめるようになったのだと思う。もちろん、お香典がその答えではないけれど。そうして、どうしようもなく混乱した未整理の状態のまま私はお香典を出し、ささやかな心の安寧を手に入れた。

あれから一週間が経った今日。前々から予定されていたシニアチームとの練習試合だった。先週の衝突などなかったようにチームのメンバーはいつもとかわらず（この一週間のあいだ、キャプテンが陰で先輩たちの態度を軟化させるべく努力していた）、それはおじいさんたちも同じだった。むしろ、いつもよりもっと明るく、はるかにおしゃべりだった。だからますます今日にかぎって、シニアチームのおじいさんたちの顔が目に入ってきた。これまで一度も、一人ひとりの顔をこんなにまじまじと見たことはない。

サッカーだけでなく、ユニフォームをまとうすべてのスポーツでそうだと思うが、ユニフォームが目に入りすぎて、ときどきユニフォームの中の個人が見えなくなってしまう。その人独自の個性や人となりがユニフォームの番号に隠れ、うまく目に入らなくなる。たくさん写真があっても背番号と顔を一緒には見られないように。後ろ姿は前から見た姿ではないから。きっと別なチームから見たら私たちのチームもそうなのだろう。ともかくおじいさんたち、こんなにもみんな違っていたのに、どうしていままで似たり寄ったりに見えてたんだろう。まったくわからなかった。

一ゲーム目が始まった。ほとんどの場合、最初の三分である程度見当がつく。その日の試合が激しくなるか、ゆったりペースか。試合前、今日はゆったりペースだろうと確信に近い予想を抱いていたが、完全にはずれた。誰が見ても激しいヤツだ。試合の前にピッチから消えた誰かが一瞬降臨し、人生でボールを蹴っていられる時間がどれほど限りあるものか、みんなに耳打ちしていったみたいに。

はるか向こうでうちのチームとシニアチームの数人がボール争いをしていたが、気がつけばボールは大きくこちらに飛んできて私の耳をかすめ、タッチラインを越えた。

「ホンビ、スローイン！　早く、早く！」

その言葉を聞き終わる前に走り出し、ボールを拾い上げる。両足を地面につけ、放物線を描く要領で、頭の上からスローイン。ボールはユンジャ先輩の前に落ち、試合が再開した。誰かが去っても、その余波で少しごたついても、両足をこの地面にぴったりつけてボールを放れば、止まっていたサッカーはそんなふうにして続いていく。番号の影にそれぞれ違う顔を持つ、背番号のついている後ろ姿が前から見た姿、でも正面から見たときは背中に番号をしょっている人々のサッカー。これまで私にとっては、ただどこからか急に現れ、サッカーが終われば、打ち上げが終われば、どこかへ消えていくだけの人々だった。いまは違う。現れてから消えるその時間の前と後にも、思いをめぐらせている。

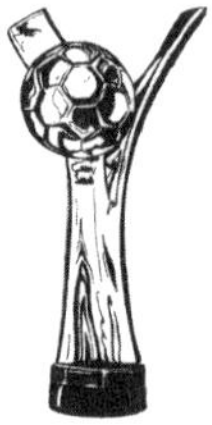

WKリーグ

どこかの選手と、いつかの選手

特別な訓練、あるいは普通の日常

「ホンビ、あんた明日、何かある？」

そう質問してきたのがキャプテンなら、それは「よければ明日、時間空けといて」と同じ意味だ。私はよほどのことがないかぎり空ける。だってそれは「明日あんたが面白がりそうなことがあるよ」とも同じ意味だからだ。まだそうでなかったためしがない。今回もこれまでの経験を信じた。この月曜、キャプテンとチームのプロ選手出身トリオ、スンウォン、グンミ、ジギョンと一緒にＷＫリーグのチャンピオン決定戦を見に行ってきたのだ。

「ＷＫリーグ」とはWomen's Ｋリーグ、つまり韓国女子プロサッカーリーグのこと。文中でたまに（もっと言うとすぐ右にも）書いている「プロ選手出身」とは、まさにこのＷＫリーグ出身のことなのだ。韓国男子プロサッカーリーグ、Kリーグの試合は数限りなく観戦してきたが、WKリーグを見に行くのは初めてだった。アマチュアの女子サッカー選手という自分の肩書が少し恥ずかしいけれど、それでも、かつてそのリーグでプレーしていた人たちと一緒に行けるなんて、ますます胸は高鳴る（城南《ソンナム》FCファンの夫からは、「言ってみれば南宮道《ナムグン・ド》*と一緒にKリーグ見に行くってことでしょ？」と心底うらやましがられた）。

よその街だからと時間に余裕を持って出発したが、普段使わない道の夕方のラッシュアワーは想像以上にひどく、私たちは前半キックオフのタイミングになっても相変わらず車の中だった。はるか向こうにサッカー場の照明塔は見えるのに、カーナビの到着予想時間は五分おきに一分ずつ先になっていく。やっとのことで車を飛び出してサッカー場に駆けつけた頃には、すでに前半終了のホイッスルが鳴り終わっていた。

結局、後半四五分のためにこの距離をやってきたことになるが、まったく残念ではなかった。むしろ車が駐車場に入ったときのほうが、彼女たちの話を切り上げて競技場に移動しなければならなくなったときのほうが、本当に残念だった。見知らぬ土地へ向かう密閉された車内というのは不思議な空間だ。小旅行のせいで日常に小さな裂け目が生じ、そこから吹きこんでくる適度に刺激的でどこか目新しい風でいっぱいの空間。胸躍る新鮮な風に酔いしれて、普段なら口にしないことを一つ、また一つと披露し、ぼんやり路上に広がった時間の裂け目を一緒に埋

＊　元韓国代表のサッカー選手で、城南FCでプレー、コーチも務めた。

めるような空間。

はじまりは、キャプテンが「聞いてよ。昨日ホンビに明日時間あるかって聞いたら、なんて言ったと思う？　目をキラキラさせて、なぜでしょう、もしかして、特訓してもらえるんですか？　ってこうだよ」と、呆れたふうにトリオに話を切り出したことだった。

最初にそう聞かれたとき、本気で特訓だと思ったのだ。トレーニング中だったし、ちょうどキャプテンからマンツーマンでシュートをコーチしてもらっていた最中だったし、なによりも日頃から心のどこかでそんなシチュエーションに憧れていたもんだから、頭がまっすぐ特訓へとジャンプしてしまったらしい。小さい頃に胸をドキドキさせて『スラムダンク』や『ホイッスル！』、同じく日本のマンガの『ＳＷＡＮ』の海賊版『幻想のプリマドンナ』なんかを読んできた身なら、そういう憧れの一つくらいあってもおかしくないでしょ？　入門したてのズブの素人である主人公が大きな壁にぶち当たり、タイミングよくその道の達人の目にとまる。地獄の猛特訓をステキに耐え抜き、また一段階ステップアップする、という流れ。そんなドラマチックなことが自分にも一度くらい起きるんじゃないかと、いつもどこかで期待していた。もちろん、そういう話の大部分は主人公が天才的な才能に恵まれており、他方私はといえば最初から天災的な見込みナシの前提でスタートしてはいるのだが。

「うわあ〜、ゾッとするよう。特訓って言葉、本当久しぶりに聞きました。久しぶりに聞いても、やっぱものすごいヤダよう……」

「ホンビさんが言ってる特訓って、もちろんそういうんじゃないんだと思いますけど、あ〜、マジで特訓って聞いただけで悪態つきたくなってきますね。私、引退して結構経ってても、いまだに悪夢見るときは特訓の夢ですもん」

「あたしもあたしも！　特訓受けて吐く夢、見るわ。本当に特訓受けて何度も吐きましたからね。まだ体罰される夢のほうがマシ！」

みんなは私のスポーツマンガ的ロマンに冷や水を浴びせ、その水を一緒にかぶったみたいに身震いをしている。そういえば昨日キャプテンが見せた反応も同じだった。

「特訓って、いったいどんなことするの？」

そこから一人ずつ、特訓にからむ思い出に始まって、現役時代のことをぽつりぽつりと話しだした。プロサッカー界や韓国スポーツ界の現実をよく知らない私には本当に驚愕の事実だったが、もう一つ驚かされたのは、私にとって驚愕すべきことが彼女たちにはまったく驚くに値しないことだという点だった。ほとんどが、「そりゃ運動したかったら仕方ないよ」とサラッと片づけられてしまう〝普通〟の日常の範囲だったのだ。だから、ある話にはみんなで笑ってもある話には私が笑えず、ある話にはみんなで泣いてもある話には私一人が涙を落とした。

彼女たちの物語

特訓の話を聞くまでもなかった。日常の練習の話を聞いただけで、すでに私はどの瞬間も鳥肌が立っていた。やっぱり特訓のロマンなんてマンガの中の出来事だった。マンガでは、トレーニングにつきものの暴言、体罰、劣悪な寮生活、そんな環境のなか面倒なものにならざるをえない日常生活という〝普通〟がフィルターにかけられ、克服と成長という骨組みだけがロマンティックに残されるから。

ジギョンは中学生のとき、試合に負けた日の夕方のトレーニングで監督からさんざん角材で殴りつけられ（「いやあ、あんだけ殴られたことって一日二日できかないんで、なんであの日急に怖くなっちゃったかわかんないんですよね」）、あまりにつらくて後先考えず無断で寮を脱走した。脱走から数時間たってようやく、「ああ、いまさらいつ寮に戻っても脱走の罰までプラスされてもっと殴られるんだ」と気づき（「監督の怒りがおさまるまでビンタされるのは確実でしたから。監督の『殴る』って、単にパーンとビンタ張られるっていうんじゃなくて、マジでちょっと離れたとこまで吹っ飛ばされるんですよ。それをえんえんされるって思ってください」）、寮に戻れないまま何日か地方の親戚の家を点々とした。結局は母親と一緒に監督に電話を入れ、サッカーを辞めたいと話してわんわん泣いた。脱走の件ではどんな体罰も与えないと監督に約束してもらい、なんとか寮に戻ることができた。そんなことがあったせいか、卒業までは以前にくらべ殴られることがかなり減った。もっとも、高校に進学し体罰で悪名高い別の監督と出会って、それさえも終わりになった。

「中学で殴られたのなんて、高校に比べればマジで屁でもないですよう。ハハ。でもあたし、高校の監督をホントに尊敬してるんです。あの人の下で、ホントにたくさん伸びましたからね。行けないだろうって諦めてた大学のチームにもおかげで行けたし、今でもときどき連絡してます」

スンウォンは寮生活が苦手だった。個人の空間という概念がなく、常に団体生活にさらされている状態は、ナーバスで神経質なさかりの中高生時代にはひどくつらかったという。

「もちろん、家に帰ったら自分の部屋があることはあるんです。でもだからってね。ほとんど家に帰れないし。たまたま休暇をもらって家に帰っても、それまで会えなかった友達と会ったり、親戚に挨拶周りに行ったりで忙しくて、部屋にいる時間もなかったですから。最後のほうは母も、私の部屋に扇風機とか、使ってない法事用の大きいテーブルとか、いっぱい入れっぱなしにしてましたね、物置みたいに。どうせ主《あるじ》のいない空き部屋ですし。でもそんなところでも、短い時間一人っきりでいられたら、すごくうれしいんですよ」

外界に隠しておきたいことが増え、外界から自分の存在を隠してしまいたい時間も増える人生の一時期、いきなり部屋のドアをあけられ、自分の生活をいろいろに干渉されても運命と受け入れるしかない状況とは。私にとってそれは、旅先での落ち着かない暮らしに近い。旅暮らしが長引けば、いくら鈍感で神経の図太い人だって簡単に疲れきるものだ。おまけに、ルール違反をなくし、コンディション悪化につながるルーズな生活を統制するという名目のもと、突然部屋を抜き打ち検査される環境なんて。ヴァージニア・ウルフもビックリだろう。サッカー選手は作家じゃないが、誰にだって「自分だけの部屋」は必要なんだから。

スンウォンが引退して一番うれしかったのは、はじめてちゃんとした「自分だけの部屋」を持てたことだった。二十八でようやく手に入れたプライバシー。だが、逆の問題に悩む友人たちもいた。幼い頃から集団生活と規則通りの寮生活にならされてきたため、引退後、完全に個人で自己管理する生活に投げこまれることを不安に感じる選手出身者は多いという。

グンミはリハビリを二回経験し、言葉の綾や何かでなく、文字通り「死にたくなった」という。二回のリハビリは、どちらも一年がかりの長いものだった。

「毎日毎日同じ動作を無限に繰り返すのもうんざりして変になりそうなんですけど、リハビリで病院に行くと、ケガの部分をマッサージだって言ってぎゅうぎゅう押すんです。あー……あれ、本当、ものすごく痛くて……。私、麻酔なしで何針か縫ったことありますけど、そっちのほうが百倍マシなくらいです。本当にちぎれるかと思うくらい痛いのに、それを毎日ですよ！　男子の選手の中には、正気ではとても耐えられないからって、本当はダメなんだけどマッサージ前にガンガンお酒飲んでいく人もいますしね」

それよりもっと耐えられないこともあった。不安。その末に訪れる（グンミの表現を借りれば）絶対的な孤独。

「今はもう少しマシになったのかな？　私の選手時代も、女子サッカーは特にリハビリのプログラムや治療メニューがお粗末だったんです。プロはそれでもまだいいけど、ユースのリハビリは地獄ですよ。だから、あの子はホントすごいなあ、世の中にあんなにサッカーのうまい子がいるんだなあって思ってた子たちでも、高校の時一回ケガしてそれっきりってことが多かったです。完全に回復してない状態でよくわからないままプレーして、そもそもの選手生命が断たれる子もいるし。だから、一度大ケガをするとそれが一番怖いんですよ。治るかなあ？　元通りになるかなあ？　今受けている治療で本当にうまくいくのかな？　誰かが何かを見落としてたらどうしよう？　あの子たちみたいにここで終わりだったらどうしよう？　ずっとそんなことばっかり考えて……。ああ、本当おかしくなりそう……すごく怖いんです。サッカー人の半分がリハビリ中に宗教にハマるっていうのはあながち嘘でもないんですよ」

「アタシは、リハビリしてるときの被害者意識がハンパなくて、さんざん怖ろしいこと想像したよね。普通、チームには指定病院ってあるんだけどね。そこの医者が、アタシとポジション争いしてる後輩をものすごくかわいがってる感じがして。アタシが復帰したらあの子がレギュラー返上しなきゃならなくなるっていうんで、わざと治りを遅くしてたらどうしよう？　ひょっとしてわざと悪化させてるんじゃないか？　そう考えはじめると、言葉の一つ一つが全部信じられなくなって、病院を転院するって大騒ぎした。誰かが見舞いに来れば来たで、コイツ、こっちがこんなザマなのにサッカーの話したいのか？　わざとやってんのかって、さんざん思ったよね。本当に。みんなが敵みたいな気がして、何か月かは誰にも会わずに精神科のカウンセリング受けてた。できることはサッカーしかないのに、そのサッカーがダメになったもんだから、寂しすぎておかしくなりそうだったたってば」

説明しがたい思いで説明せずにはいられない魅力

生まれてはじめて女子サッカー選手の内幕を微に入り細にわたって聞かされた日が、生まれてはじめて女子サッカーの試合を観戦する日だったなんて、ラッキーだったのかアンラッキーだったのか。競技場に着くと、その直前まで聞いていた話がしょっちゅうピッチの上の選手に重なった。以前よりはマシになったとはいえ完全には解決されず、悪習として残ったままの暴力的な体罰（ひょっとしたら体罰的な暴力）。体と心を削りとる練習方式。団体の名のもと、あたりまえのように個人の生活が犠牲にされること。負傷の苦しみ。リハビリという孤独な戦い。それらすべてに打ち勝ち、優れた選手として生き残ってプロの舞台に立つ。それは想像をはるかに越えるとんでもないことなのだ。それほど好きなサッカーをあれほど楽しめるようになるまで、国内女子サッカーの最高峰であるプロリーグチャンピオン決勝戦でプレーできるようになるまで、選手たちが乗り越えてきた時間がピッチの上に分厚く垂れこめているかのようだった。

　耐えてきたものの重さに比べ、報いとして手にするものはあまりに軽すぎる気がして一瞬悲しくなる。ああやってプレーしているプロの舞台だって二〇〇九年にようやく整えられたのだし（Kリーグは一九八三年設立だ）、専門的な人員やインフラだってまったく足りておらず（Kリーグのような公式フロントが別にあるのではなく、その都度外部委託で回しているチームが大半）、観客数も多くはない。普通に暮らしていてWKリーグの試合を見にいっている人と出会う確率は、家でサルを飼っている人と出会う確率より低いのでは？　いま対戦中の二チーム、仁川《インチョン》現代製鉄と利川《イチョン》大教をとってみても、リーグ一位と二位を争う強豪チームなのに、この年の平均観客数はそれぞれ五六六人と四四七人だった。同じ年のKリーグクラシック（一部リーグ）で最も観客数が少なかったチームの平均観客数二〇〇〇人にも遠く及ばない数字である。

いや待てよ。いまＫリーグのことをすごく上みたいに引き合いに出しているけど、これだって結構な違和感だ。Ｋリーグも、国民的かつ絶対的な支持を得ているプロ野球に押され、海外サッカーに押され、韓国代表の試合に押され、テレビ中継もほとんどされず人気も下火、冷や飯を食わされている立場だっていうのに。普通に暮らしていてＫリーグの試合を見にいってい る人と出会う確率は、家でカメを飼っている人に出会う確率ぐらいでは？　そんなＫリーグですら、ＷＫリーグに比べればまだちょっと冷めたごはん程度なのだ。

おまけにＷＫリーグはよほど観客が来ないのか、チケットも無料！　到着すると、みなチケット売り場に行く気配もなくまっすぐ競技場の中へ進むので、だまって従っていたらいきなり緑の芝に出くわし、あれれ？　本当にこうやって入ってきちゃっていいの、と戸惑った。聞けば、ＷＫリーグはどの試合も無料なのだという。あきれた。いくらなんでも、女子サッカー最高リーグのチケットが無料とは。説明しがたい複雑な思いを抱えながら、のろのろと席をとった。

それでもこの日はチャンピオン決定戦で今年最後の試合でもあったせいか、思ったより観客は多かった。一応生のサッカー観戦歴五年の目でざっと計算したところ二〇〇〇人くらいいる感じだったが（後で公式記録を確認したら二五〇〇人だった）ＷＫリーグでこの程度入っていれば興行的には大成功と聞き、ますます説明しがたい複雑な思いに襲われた。

前半に現代製鉄が二ゴールを決め2-0で始まった後半は、五分もしないうちに3-0になった。現代製鉄の猛攻は続く。気がつけばすっかり試合の美しさに引きこまれ、複雑な思いはしばし脇に置いて観戦に没頭していた。女子W杯の試合はテレビでなら何試合か見たことがある。ん、W杯？　そうだ！　忘れていたが女子サッカー韓国代表は二〇一五年開催のカナダ女子W杯で決勝トーナメント進出を果たしたのである！　国別対抗戦にはあまり関心がないほうなので当時は大した感慨も抱かなかったが、いま思うといくつかの悪条件にもかかわらずものすごい快挙をなしとげたのだ。あらためて感激してしまった。

リーグ一位と二位のチームだから、あのとき選手としてプレーしていた見覚えのある顔も多い（そもそも両チームのゴールキーパーが、当時韓国女子サッカーで名実ともにツー・トップとされていたキム・ジョンミとチョン・ミンギョン選手だった）。今日はじめましてだけれど出てくるたびにパッと目を引く圧倒的な存在感の選手もいた。そういう選手たち全員が全員、びゅんびゅん走りながらピッチをかき回している。やっぱり、テレビで観るサッカーと直接目で観るサッカーはこんなにも違うんだ。いまさらだが本当にそう思う。

身体的条件からいって、女子が男子に比べパワーとスピードの面で下回るのは事実だ。まさにそこに、女子サッカーだけの独特のカラーがある。男子のサッカーが何かクルクルとあっという間に過ぎてしまう感じだとすれば（もちろんそれが醍醐味ではあるのだけれど）女子のサッカーは「相対的に」ゆっくり。身体動作や展開が静的なぶん、選手とボールが作り出すサッカーの全体的な「絵」を、よりクリアに見せてくれる。パスワークやオフ・ザ・ボール状況での動き、練習段階での呼吸なんかをそのたび細かく読みとれる面白さがある。短いパスがポンポンと切れ目なくつながって豪快なシュートになる、その一連のプロセスを追う感覚は、トランプのシャッフルを眺めるのにも似ている。一枚一枚切ったトランプを両手で作った輪の中でしならせてダダダーッと滝のように落とし、気がつけばきちんと一つにまとまっているアレのような。一瞬で心奪われ、いいものを見せてもらったという気になるのだ。

そんなプレーの合間にネットを揺らす、ビヤ選手の鮮やかなゴールといったらもう！　席をとって腰を下ろしたと思ったのもつかのま、目の前で炸裂したビヤ選手のゴール、つまり現代製鉄の三点目は、（イ・ヨンジュの）インターセプト→（イ・ミナの）前方へのパス→転がるボールめがけてはるか向こうから上がってくるビヤ選手→ボールを追うディフェンダーにあと数歩のところまで迫ったけれども、まあ追いつけないだろうとみんなそわそわしていたお尻を座席に落ち着かせかけたその瞬間、だった！　ビヤ選手が真っすぐ前に足を伸ばし、ゴールポストへポンッと蹴り入れた根性のゴールだ。それはむかしむかし、朝鮮半島で虎がタバコを吸っていたと言われる頃まではさかのぼらないとしても、地上波のドラマで役者がタバコを吸っていた頃、ショートトラックの金東聖《キム・ドンソン》選手が長野五輪一〇〇〇メートル決勝で、スケート靴の足を真っ直ぐ突き出し金メダルを奪った場面を彷彿とさせた。人生初のWKリーグ直接観戦記念にふさわしい、末永く自慢できそうなゴールだった。

みんなここにいるよ

ゲームに集中していた観客がざわつきはじめたのは、後半もまもなく終了というときだったのだが、その話をする前に、まず私の座っていた観客席の雰囲気をざっと説明しておいたほうがいいだろう。私たちのすぐ後ろに、三列にわたって女子の一団が陣取っていて（だいたい一〇人ちょっとだった）、試合の合間、小学生たちが写真入りのWKリーグ全選手リストのパンフレットを手にサインをもらいに来ていた。おや？　ひょっとしてプロ選手？　好奇心がわき、後ろで声がするたびに耳をピンッとそばだてていると、大当たり。WKリーグの別のチームの選手だった。

そう言われてみれば、二列前に一列で座っている女子観客軍団も、なんとなくサッカー選手のオーラがあるなあと思っていたらこれまた案の定。そのうちの一人が首をねじって一瞬こちらを振り返り、私の隣のキャプテンに気がついてパッと表情を変えた。「あっ、ウンジン！久しぶりじゃん！」。声をあげてこちらに駆け寄ってくる。大学時代に同じチームでプレーしていた先輩だという。すると私たちの列、私たちの後ろの列、私たちの前の列のみんなが気配に驚いた猫のように目を丸くして周囲を見渡し、お互いを確認しはじめた。なじみの顔にうれしそうに挨拶を交わして近況報告をしたり、初対面同士紹介したりされたりしながら、にわかに賑々しい雰囲気になる。観客席のど真ん中でひととき繰り広げられる、元選手と現役選手のサッカー懇親会。たしかに、リーグの規模が小さいから、観客席にいる選手も、いまピッチの上でプレーしている選手も、同級生、あるいは先輩後輩の関係なのだ。現役だろうが元だろうが観客だろうが選手だろうが、彼女たちにとって今日のようなチャンピオン決定戦は毎年開催されるお祭りみたいなものなんだろう、きっと。

元選手と現選手のあいだの絆を強く感じたのは、後半の大詰め、現代製鉄のキム・ナレ選手が苦しげな表情を浮かべて足の一部を抱え、ピッチに倒れ込んだときだった。「ああっ！」というあえぐような溜息が周囲のあちこちから漏れた。

「ああ、やだ……。あれ、結構ひどそうだよ？」

「押さえている感じだと、どうも十字靭帯だな」

「前十字かな？」

「いや、後十字っぽい」

「十字靭帯じゃない可能性だってあるでしょ？　メディカルスタッフが触ってる場所見てると、軟骨の可能性もあるし。でしょ？　だよね？　まだわかんないでしょ？」

「ああ……。どうか十字靭帯じゃありませんように……頼む、お願い」

聞くとはなしに会話を聞いているうちに突然涙がこみあげ、どうしていいかわからなくなった。誰も泣いてないのに、この中で一番アウェイの私がいったいなぜ。会話に、ある種の切実さが漂っていたからだろうか。胸の痛みが言葉の端々ににじんでしまうくらい、彼女たちも彼女たちにしかわからない時間をくぐり抜け、涙を流してきたのだろう。いまあそこで倒れているあの選手はいつかの誰かの姿、いつも頭にある恐怖のなかの自分の姿だったはずだ。「十字靭帯だったら、最低六か月はリハビリです……」。応援で少しかすれ気味の声でそうつぶやいた、グンミのように。

とにかく、少なくとも六〇メートルは離れているこの距離から見ても、十字靭帯か、前十字か後十字か判断できるなんて、やはり選手は選手だった。どうか大変なことになりませんように。あと三分たてば試合は終わり、今シーズンの幕も完全に下りるというのに、その三分を無事持ちこたえられず大ケガを負うなんて、あまりに残念すぎるじゃないか。ピッチ上ではポスト脇に横たわったキム・ナレ選手にお構いなくゲームが続いていたが、周囲の誰もゲームを見ていなかった。一瞬のざわめきが過ぎて重い沈黙が漂うなか、「キム・ナレ」という名前だけがぽつりぽつりとつぶやきのように聞こえてくる。だが、彼女が担架に載せられ、観客席のフェンス前に近づくと、その声は「キム・ナレ！　キム・ナレ！」という熱烈な叫びに変わっていた。キム・ナレ！　よくやった！　キム・ナレ！　がんばれ！　キム・ナレ！　みんなここにいるよ！

やがて試合は終わった。4-0。ビヤ選手のハットトリックとともに現代製鉄の優勝が決まった。終了のホイッスルが鳴るやいなやベンチにいた選手やコーチングスタッフがピッチに向かい、最後までフィールドを走りつづけた選手と固く抱きあってぴょんぴょん飛び跳ねながら喜び……というのが、これまで私がサッカーの試合で目にしてきた、よくある優勝の瞬間だったが、この日ベンチにいた現代製鉄の選手が駆け寄った先は、ピッチ上ではなくラインの外、キム・ナレ選手が横たわる担架の前だった。試合に出場していた選手も、相手チームの選手と挨拶が終わるが早いか担架の前にわっと駆けつける。ある選手は厳格な医師のような表情でケガの状態をチェックしてはメディカルスタッフにあれこれ質問し、ある選手は頭を撫で、肩をたたきながら慰めと激励を伝え、ある選手は泣き出しそうになって逆に他の選手から慰められていた。

それが、ついさっきチャンピオンになった優勝チームの試合終了後の五分だった。その五分のあいだに華やかな優勝セレモニーは何一つなかったけれど、どんなシーズンフィナーレよりも見事で、熱くて、物語のようだった。そう。私がマンガを読み、胸に抱いてきたファンタジーの中の出来事。ロマンティックなのは枠組みだけで、中身は何もない物語だというけれど、ときには現実でも、こんなサッカーマンガみたいな一瞬が生まれる。

授賞式が終わり、ようやく優勝セレモニーが始まった。シャンパンを開けて胴上げをし終えると、選手たちはもう一つ、異例の行動をとった。優勝記念の集合写真を撮り直したのだ。ピッチまで来られず撮影に入れなかったキム・ナレ選手が横たわる、担架の前で。ずっと横になっていたキム・ナレ選手は、それでも写真にだけは収まりたかったのか、撮影のときになると立ち上がり、片足を引きずりながら歩こうとした。だが数歩も進まないうちにその場にへたりこんだ。見ていた観客たちも、みな胸のつまる思いだった。そのときだった。選手たちが、キム・ナレと連呼しながら担架に駆けよってきたのだ。観客席の私たちも大喜びして一緒に叫んだ。キム・ナレ！　よくやった！　キム・ナレ！　がんばれ！　キム・ナレ！　みんなここにいるよ！

そんなふうに彼女たち、今シーズンのＷＫリーグチャンピオン、チャンピオンと最後までよく戦った準優勝チーム、今日は観客として来ていたどこかの選手、いつかの選手に別れを告げ、競技場を後にした。どんな試合を見た後も、サッカー場の外の世界に出るときは一二時一分のシンデレラみたいな気分になる。目の前で繰り広げられていた魔法のような小さな世界が終わってしまった感じ。ひとしきりいい夢を見て、ここからは再び現実ですよと誰かに諭される時間。

でもこの日は少し違った。マジックタイムは間違いなく終わり、照明塔の灯りは消えたのに、ある世界がずっと心の中に続いている。帰りの車中でずっと続いていた、キャプテンと選出トリオの現役時代の話みたいに。帰り道は、彼女たちがそれぞれ試合で活躍していた頃の武勇伝だった。みんなすっかり盛り上がっていた。話のなかの彼女たちは話している彼女たちと同じくらい、光り輝いていた。話は止まらず、一方で帰りの道は行きと違ってガラガラだったから、私は少し焦った。そんな輝きを手に入れるまで、彼女たちがどんなふうに時間を過ごしてきたか、今なら少しわかるから。試合の余韻も手伝って我先にと繰り広げられる自慢話が終わるより先に、今日という日がぷつんと終わってしまいませんように。一一時五九分のシンデレラみたいな気分で必死に祈っていたのだった。

この試合が利川大教にとって最後のチャンピオン決定戦となった。十か月後にチームが解散したためだ。ＷＫリーグ創設年の初代優勝チームであり、その後も二連続優勝、三連続準優勝に輝いた利川大教は、突然あっけないかたちで歴史のなかに姿を消した。

キック・アンド・ラッシュ

私は本当に申し訳ありませんと言いたいんです

私、今日出られなくて申し訳なくないです

しばらくサッカー場に行けずにいた。インフルエンザA型にかかったのである。一週間程度で治るだろうと思っていたが、よくなったと思ったらぶり返すことを二度ほど繰り返し、気がつけばいつのまにか欠席三週目。フルバックの私の不在が長引いてチームの左ディフェンスラインは完全に崩壊し、粘りのある組織力にまで陰りが見え、攻撃からも守備からも繊細さが失われて今シーズンの見通しが暗澹《あんたん》たるものになったはずはもちろんなく、誰も私が何回欠席したかさえ気づかないまま、チームはとてもいい感じに回っている。

体調を崩したり個人的な事情でトレーニングを休まざるをえなくなると、他の選手たちはたいてい「これこれの理由で出られなくなってしまいました。本当に申し訳ありません」とチーム掲示板のスケジュールページにコメントを入れていた。本当は申し訳ないと思う必要はないのだ。みんな、ピッチの外にそれぞれの大切な人生があるのだから。

とはいえ、サッカーのようにチームプレーのスポーツの場合、誰かが突然欠場するとチームに致命的な影響が及ぶこともまた事実である。特に、選手の層が五九年間餃子だけを作りつづけてきた餃子名人の餃子の皮みたいに薄ーいうちのようなアマチュアチームではなおさらだ。プロ出身の選手や一〇年以上プレーしている選手を除けば、サッカーボールを前にポンと蹴り出せる選手さえ三二年間手打ちうどんだけを打ちつづけてきた職人みたいに珍しいわけで、同じレベルの別な選手が欠席一人分の穴をきっちり埋めるというのはなかなかに難しい。ポジションごとにレギュラーと補欠が一組ずついるチームなんて、夢のまた夢だ。

だからチームは非常事態に陥る。Aという選手が一人抜けるだけなのに、Aの代わりになるといえば他のポジションのBだけ、仕方がないからBをAの位置にあてると、今度はBの位置にCを持ってこなければならず、Cの場所を埋めるDが必要になり、Dの場所にEが必要で……。そんな連鎖的なポジション大移動が起きる。選手だって突然ポジションが変わって右往左往するので、その日の練習は一〇あったら八がメチャクチャだ。それでもあえてプラス面をひとつあげるとすれば、大事な試合当日に突然Aが欠場するピンチが来ても大丈夫なよう、あらかじめ備えておけることぐらいだろう（それを言ったらBが抜けたとき、Cが抜けたときなど、すべての場合の対応策を全部作っておけっていう話だが）。そういう事情をみんなよく心得ているから、欠席する日には心から申し訳ないと思うのである。

だが、まさにそういう理由のせいで、私は欠席の連絡をアップする前にしばらく躊躇せざるをえなかった。私みたいに（ちょっと誇張すると）サッカーシューズの紐がようやく結べるようになった程度の選手が欠場してチームに与える悪影響など、サッカーシューズの紐がほどける音よりかすかでどうでもいいものだから。いや、そもそも影響を与えない。いやいや、じっくり考えてみるとマイナスどころかむしろプラス要因だろう。「うまかろうがヘタだろうが、みんなにプレーの機会を与えなければ」という監督の持論のおかげで、私も頻繁に練習試合に出してもらい、役目を与えられてはいるが、かわりに別な誰かが入った方がチームの戦力強化にはプラスなのだ。それも相当に！　ここまでくると、私が欠席することをみんなに「本当にすいません」と伝えるのではなく、チームのみんなが私に「本当にありがとう」と言うべきじゃないかとさえ思えてくる。

「インフルエンザA型にかかって、今週、試合に出られなくなりました」と最初の一文を書き、しばらく考えこんでしまった。人生には「申し訳ない」と口にできないことが申し訳ないこともあれば、「申し訳ない」と口にすることが申し訳ないこともある。生きるってホント、難しいわ。結局最後まで「申し訳ありません」とは書けず、かわりに「みなさん、どうか風邪には注意してくださいね」という無難な挨拶でしめくくった。もう一度はっきり書いておくが、「申し訳ない」と言いたくなくて言わないのではない。私だって本当は、申し訳ないって思いたかった。思いたかったんだってば！　あらためて気づいた。自分の不在を誰かに「申し訳ない」と思える人間は、ある意味強者なのだと。いなくて申し訳ないと言ってはいけない、誰からもそういう申し訳なさを必要とされていない立場も、どこかには常に存在する。

ちょっと大げさだったかもしれないが、この間私も自分なりに進歩していた。サッカーシューズの紐がほどける音から、サッカーシューズの紐を結ぶ音ぐらいの違いだが、耳を澄ましてみてほしい。紐を結ぶときは多少、「音」らしきものがすることはするのだ。毎週練習試合に出るようになってから状況判断能力がぐんと上がり、ボールのキープ力や度胸もついた。なにより、足にボールがポンと当たると足のどこかのメイン電源スイッチが押されちゃったみたいに頭のなか真っ白、目の前真っ暗、体からすう〜っと力という力が抜けてどうしていいかわからなくなり途方に暮れるという「ボールどきどき病」の症状がけっこう改善された。それだけでもかなりの進歩だ。

とはいえ相変わらずドリブルは下手だし、トラップは不安だし、キックは不正確だ。フェイントで相手ディフェンスを煙に巻くなんて夢のまた夢。相手フォワードのフェイントに引っかからないだけでラッキーである。練習試合のないトレーニングの日がくるたび、できていないテクニックを優先して集中的にやることにしていても、実践となると練習通りにはうまくいかない。実際、自分よりずっと長くサッカーをやっている人を相手にすると、そんなテクニックはほとんど通用しないのである。あと三、四年経って、いまの私のように「最近サッカー始めました」的な相手となら、なんとかなるのだろうか。

そんな、蓄積してきた時間の差から生まれるテクニックの差をどう克服したらいいのだろう。他人の四、五倍練習をするべきなのだろうか。そうすればなんとかなるのだろうか。答えが見つからないままだったある日、意外な瞬間に悟りが開けた。それはまさに私のサッカー人生の転機となるにふさわしい（不正確なエピソードらしいが、まあとにかくたとえるとすれば）元暁《ウォニョ》大師の髑髏《どくろ》水＊みたいな瞬間だった。悟りを開いてからの行動もそう。「いっさいのものは心より生ず（一切唯心造）」という悟りを得て即刻唐への留学を取りやめた元暁大師のごとく、私も、それまでしてきた練習を一切合切やめることにしたのである。

突然飲むことになった〈尾てい骨水〉

その悟りは、今年最後の公式大会の準々決勝の日に訪れた。今年最初で最後のベスト8進出だったから、みんなの勝利への執念は並々ならぬものがあった。克服しなければならない課題も並ではなかった。主力選手数名が大挙して欠場したのだ。全員深い溜息をつき、A小学校で年間行事予定を決めている顔も知らない教職員を呪っていた。よりによってその日、A小学校でPTA参加の行事が予定されており、うちのチームにはA小学校に子供を通わせているメンバーが四人ほどいたのである。全員不動のレギュラーだった。おまけに、後方で前後半フルタイムの活躍を見せていたオ・ジュヨンまでもが前の試合で尾てい骨を傷め、試合直前まで出場が不透明だった。

試合当日の早朝。サッカーバッグに荷物をまとめながら、私の全神経はチーム掲示板に集中していた。バッグにサッカーシューズを入れてはiPhoneの画面を一度見る。脛あてを入れてはもう一度見て、サッカーソックスを入れたら画面、ユニフォームを入れたら画面、ボトルを入れたらまた画面を確認する。タオルを二枚畳んで入れる頃、ようやく「掲示板にサッカー女王、オ・ジュヨン♡さんからの書き込みがありました」というメッセージが表示された。嫌な予感がした。案の定、「朝の感じでは、今日の試合は無理そうです。本当に申し訳ありません」という文句から始まっていた。や……やめて……。

せっかく丁寧に畳んでいたタオルをめちゃくちゃにつっこみ、iPhoneをぎゅっと握りしめたままバッグの脇にへたりこんだ。あーあ。夕べ、「オ・ジュヨンの尾てい骨がどうかよくなりますように」って、あんなにお祈りしたのに。いままで尾てい骨なんてテールスープを飲むときチラッと関心を持つぐらいだったのが、ここ二日はずっと、他人の尾てい骨のことで頭をいっぱいにしてたのに。

もういちど計算してみる。オ・ジュヨンまで抜けるとなると、普段六、七人はいる補欠選手も出場することになり、残りはウンギョン先輩と私だ。それは、誰かが試合中ケガしたりバテたりしてプレーができなくなったとき、まずはウンギョン先輩、続いて私が出場しなければならないという意味である。いつも三、四回の選手交代がチームの基本パターンだから、私の出

＊ 新羅の僧侶・元暁は、唐でこそ学べるものがあると出かけた旅の途中、一夜を明かした洞窟で甘露のようにおいしい水を飲んだ。ところが、翌朝見るとそれは髑髏にたまった水だった。そのことから「気持ちさえあればどこだって勉強はできる」と悟り、唐行きをとりやめたとするエピソード。真偽のほどは不明だが「ものは考えよう」を指す言葉として使われている。

場確率はほぼ百パーセントと考えていい。練習試合じゃなく公式試合で。公式試合、なんだってばー！

オ・ジュヨンの尾てい骨から飛んできたパスが足にぽんと当たり、そのはずみでまたメインスイッチが消されたみたいに、私の頭のなかは真っ白、目の前真っ暗、体からすう〜っと力が抜けた。サッカーボールを想像しただけでもボールどきどき病がぶり返すこんな精神状態で、本気の試合に出なきゃならないなんて。私もなんとなく適当に理由をつけて行くのやめよっかな。このままもう一度ベッドにもぐりこんで、いつもサッカーのせいで返上せざるをえない週末の朝寝坊をたっぷり楽しもうかな。強い誘惑に襲われる。寝てしまいさえすれば世界は平和なのだ。バッグにめちゃくちゃに突っ込まれたタオルより、白くてふかふかした枕カバーの方がずっと魅力的だった。

もちろん、それまで公式試合に出られる日を待ちわびてはいた。練習試合とは別世界だとしょっちゅう聞かされ、どんな世界なのかな、直接感じてみたいな、とも思った。が、ドアの隙間からドア向こうの出来事をドキドキ覗き見している最中に、誰かからワアッっていきなりドアを開けられたら、驚くしかないでしょうが！

新しい世界に飛びこんでみたいという気持ちは、そう願っても叶いづらい安全圏にいてこそ持てるのだ。実際に親しくなりたい人、愛してほしいと願う相手には決して言えないような歯の浮くセリフを、おそらく一生に一度も会えない映画スターになら思う存分前のめりになって言えるのと同じ。それまで余計なことを考えずに「試合に出たい！」と熱い夢を抱くことができたのは、私みたいな素人が入団一年目で出場できるチャンスは皆無に近いと(早くても二、三年後だと)ちゃーんとわかっていたからである。それが突然こんなふうに、目の前の現実として迫ってこられちゃうと……ああ、どうしたらいいんだー!

結局私が出すのはクソボール、ですか

魂が半分どこかへ吹っ飛んでいる私をなんとか抱き起こして競技場行きのバスに乗せてくれたのは、数か月前の自分だった。基本をしっかり固め、準備が整ってから練習試合に出ますと何か月も必死に固辞していたくせに、はじめて練習試合でプレーして、なんでもっと早く試合に出ておかなかったんだろうと帰りのバスで猛反省した夏のキム・ホンビ。そう。行かなければまた後悔するかもしれない。なによりこの機会を逃したら、次にいつ公式試合を経験できるチャンスがくるか保障はないのだ。ああ、もうどうにでもなれ。練習試合と違うからなんだっていうんだ。行くんだ。プレーしよう。

精いっぱい動揺を隠し、平気な顔で到着したものの、「ホンビさん、今日の後半、頭から出てもらうからね。そのつもりで準備しといてくださいよ」と監督に言われ、「おお、今日はホンビの正真正銘のデビュー戦か! おめでとう!」と仲間から出場を既定事実化されて、再び心臓が縮みあがった。だが、ウォーミングアップのあいだじゅう必死に「今日はいつもより体が軽いじゃん!」「今日はトラップが結構いい感じじゃん!」「おお、今日はサッカーシューズ

の紐を両方同じ長さで結べてるじゃん！　いい兆しいい兆し！」と、イースト菌になりそうな材料を探しては心のなかに投じて発酵させていたら、競技開始十分前くらいには焼き立てのパンみたいにある程度自信もふくらんでいた。

前半が始まった。それまでは忠実な応援係だったから、試合中監督がどんな指示を飛ばしているかまともに聞けなかったけれど、この日はぴったり横に張りついて一言一句漏らすまじと耳を傾けた。そして、これまで長いあいだ抱きつづけていた疑問、なぜうちのチームは公式試合になると、トレーニングや練習試合と違う戦い方をするのかという疑問への答えを知るに至った。監督の指示が、普段とはまるで違っていたのだ。

普段は丁寧なドリブル、正確なショートパスをしつこく練習させ、練習試合のたびに「パスを正確に出しあってきちんきちんとチャンスを作れ」とげきを飛ばしていた監督が、本物の試合では選出以外の全員に「ボールを取ったら、ドリブルしようなんて気は絶対に起こしちゃダメですからね。ぐずぐず時間をかけずに、ボールを取ったらすぐ、無条件に、ゴールめがけてポーンって、蹴るんです！」「なんかしようと思うな！　ぜーんぶ必要ナシ、無条件に、ポーンって蹴るっ！」と、前半じゅう叫びっぱなしだった。あらかじめ私に出していた指示も同じだった。

「ホンビさんは足が速いから、19番の選手をマークして、そっちに行ったパスをカットしてください。それでボールをとるのに成功するでしょ？　そーしたら、チームの選手がどこにいるかなんて確認しない、ドリブルで前に行こうとしない、無条件、無条件にハーフウェイラインの向こうに飛ばすことだけ考えて、取ったらすぐに前にポーン、蹴る！　そしたらあとはキャプテンかスンウォンかグンミかの誰かが走ってってって適当にうまくやってくれるから。いいですね？」

要約すればこういうことだ。それまで監督が言ってたこと、これまで私たちが練習してきたこと、ぜーんぶ必要ナシ！　もっといえば、ぜーったいしちゃダメ！　ひたすらボールを遠くへ飛ばすことだけが大事なのだ。つまり、重要な試合のたびに結局監督が持ち出してくる戦術こそ、かの有名な「縦ポンサッカー」だったのである。

総じて現代サッカーでは、パス－パス－パスでチャンスを作る（よく「細かくパスをつなぐ」といわれる）パスサッカーが「レベルの高いサッカー」とされる。その頂点を極めたＦＣバルセロナやスペイン代表の「ティキ・タカ」*に全世界のサッカーファンが魅了されたのは、それによって何度か優勝カップがもたらされたということもあるが、なによりも選手個人のテクニックとコンビプレーが芝の上に幾何学的で美しいスペースを作りだす、その過程自体が一つの作品のようだったからだ。それに対し、後方から前方へロングパスを送って、芝の上で空間を刻むことなしに空をいっぺんに切り裂く（よく韓国では「空間を裂いてしまう」と表現される）プレーは、いつしか時代遅れで相対的にレベルの低いサッカーと見られるようになった（私はその見方にはほんの少し懐疑的だが、それはいま重要なことではないのでとりあえずス

＊　ショートパスをつないでゴールの道筋を作るプレースタイル。

ルーする)。

　後者の戦術はキック・アンド・ラッシュといわれる。「ロングボールサッカー」と呼ばれることも多いが、問題は、ぶざまなキック・アンド・ラッシュは「縦ポンサッカー」と馬鹿にされやすく、おまけにロングボールサッカーが「クソボールサッカー」になりやすい点だ。正確に長いパスをするということと、どこでもいいから強くポーン、ポーンと蹴るというのは、完全にサッカーの次元が違うのである。

ごく知的(局地的?)サッカーのための、広くて浅い小細工

　だが、私たちのようなアマチュアチームには、それも選出や数人の特別な選手をのぞいてドリブル、パス、トラップという基本技術の途中に失敗する可能性がかなり高いチームには、「縦ポンサッカー」になろうが「クソボールサッカー」といわれようがやる価値のある戦術なのだ。サッカーの勝敗を握るカギは前方のフォワードの足元までどれだけうまくボールを運べるか。プロでないアマチュア選手個人の能力値を考えたとき、敵のプレッシャーを跳ねのけて仲間に鋭いパスを出し、ずんずんドリブルして無事フォワードまでボールを届けるというのは決して簡単なことではない。だったらいっそ、芝の上での一難去ってまた一難ふうの展開を全過程うっちゃることのできる「ポーンボール」を遠くに蹴って、後は選出にお任せというほうがかえって効果的だ。どのみちサッカーは確率の闘いなんだから。そしてそれこそがまさに、

うちのチームの「作戦」だった。

うわ、これまで噂に聞いて馬鹿にしていた、あの「縦ポンサッカー」を、私が自分でやることになるとはねえ。妙におかしくて、愉快で、ハーフタイムも終わりにさしかかり初出場のタイミングが刻々と迫ってきているにもかかわらず、それほど緊張しなかった。どうせそんなにテクニックは重要視されないんだと思うとむしろ気がラクになり、普段の練習試合と同じ平常心で後半に臨んだ。

熾烈そのものだった。おまけに、前半を1-1のスコアで終えていたから、どちらが先に次の一点を決めるかをめぐってゲームはますます激しくなった。相手の強いプレッシャー、素早い動きに目の前がクラクラし、これぞまさに本物の試合だと実感させられた。ほんの少しでも近くにボールがくると、敵はゾンビの群れのごとくこちらに押し寄せてくるから、監督の指示がなかったとしてもボールを取るなりできるだけ遠くへ蹴るしかなくなってしまう。ううっ、怖いよう、みんなボールといっしょにあっち行っちゃえ、ポーン！

縦ポンサッカーが悲しいのは、縦ポンサッカー以外に手のない弱小チームであればあるほど、その縦ポンサッカーさえ満足にできないことがほとんどだという点である。ボールを遠くへポーンと蹴れる選手もめったにいない。必死に強く蹴ってもハーフウェイラインを越えられないことが大半で、私も四回のうちせいぜい一回、それだってハーフウェイラインの真上に落下しただけだった。そんななか、私たちは残り三分を持ちこたえられずにさらに一点を相手に許してしまい、とにかく追いつくことだけ考えて精いっぱい走り回っていた。

一分ほどして、私がマークする19番の選手がトラップミスをし、私の方にボールが飛んできた。ゾンビたちが押し寄せる前に、無条件にどっかにやってしまわねば！　追いつめられて足が反射的に動き、あれ？　ちゃんと当たった？　と思っているうちに、ボールはスーッと一直線に前方のキャプテンのところまで飛んでいった。キャプテンは左足で一度ボールを受けると足をかえ、ゴールめがけて力強くシュートした。

入った！　その瞬間みんながそう思ったはずだ。だがボールはキーパーの真ん前に飛んでキャッチされ、それから後の残り時間はこれといった反撃もできないまま試合終了となった。

「ちっきしょー。止めないであのまんまシュート打つべきだったのに！　よりによって左足だったから」

お昼を食べているあいだもつい思い出してしまうのか、キャプテンはずっと怒りを爆発させていた。

「でもホンビ、あんたよくやったよ！　あんたが年に一度出せるかどうかってくらいのあんないいパスくれたのに、それをアタシがさ……ちっきしょー！」

確かに、キャプテンほどの実力なら、利き足の右足ではなく、左足で蹴っても決まりそうなタイミングだった。一緒に残念がってはいたが、実はそのとき、私は残念がっているヒマなどなかった。キャプテンにパスを出してからランチの店にくるまでの道すがら、頭のなかでずっと、ぱたぱたと別な計画を立案中だったのだ。年に一度出せるか出せないかのパスを、一試合につき十回中六回は出せるパスにする計画。題して、「ポーンパスをマスター五か月集中プログラム」。

やっぱり試合に出てよかった。出たおかげで、「出られなくて申し訳ありません」と言える選手になるための最短ルートを会得できた気がする。これまであんなに熱心にやってきたドリブルやフェイントの練習は、いざ大事な試合となるとそれほど必要とされていなかった。ポーンと蹴ってハーフウェイラインの向こうにボールを飛ばすことがいちばん。私より数年長くやっている人たちにテクニックでは勝てなくても、ポーンとボールを蹴ることならある程度勝算があるかもしれない。だったら、基本テクニックの練習の代わりにボールを強く、遠くに蹴る練習に集中しない手はないよね？

基本を無視して「大ウケする」ことばかり身に着ける「浅い勉強」は嫌いだし、そういうのは「浅はかな小細工」に近いと言いたいが、でも、縦ポンサッカー以外に手のないチームがあるように、浅はかな小細工に頼るしか手のない選手というのもいるのだ。戦術はほぼ縦ポンサッカーだけというアマチュアリーグでさえ、縦ポンばかり上手で他のテクニックをおろそかにする選手はなんとなく無視される（いやあ、満足にポーンができる選手も多くないのにね！）が、知ったことか。プロチームに入るのでもなければ今年のアマチュアリーグMVPを狙っているわけでもない、私はチームの戦術の一翼を担いたいだけ。それにやる気があれば、縦ポン習得後に基本テクニックを固めるという逆コースの成長だって可能だろう。いやいや、それはまた後のこと。まずは局地的サッカーのため、遠くて深いパスを身につけなければ。

そんなわけで、インフルエンザA型にかかって練習を休むまでの一か月半、私は縦ポン、ちょっとそれふうにカッコつけて言うとロングパスの練習だけをしていた。インフルエンザが治ってまた練習に参加するようになっても、きっとしばらくは同じだと思う。オ・ジュヨンの尾てい骨がパッと開け放ったドア。その向こうで待っていたものが縦ポンサッカーの世界とは。尾てい骨といい、元暁大師の髑髏水といい、骨のかけらがもたらす人生の悟りってのは重要、それでもってむなしいことこの上なし、だ。

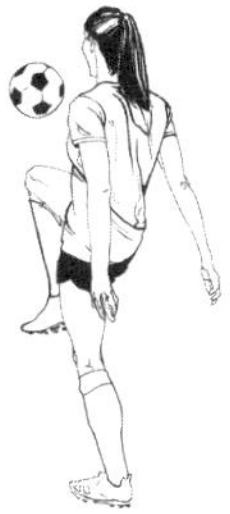

リフティング

アタシもサッカーしたいんですけど、どうすればいいんです？

ようこそ新年、ようこそ新メンバー！

一か月間の冬休みが終わって、サッカーチームも新しいシーズンを迎えた。と同時に、いつのまにか私は入団二年目になっていました！「最初見たときは、ちょっとやったらすぐガンガンできるようになるだろうって思ったんだよね。まんまとだまされたな、だまされた」という、この一年の私を振り返ってのキャプテンからの祝福（……）と、「いやあ、去年一年はなんとかついてこれたけど、今年もはたしてそうなるかどうか、もうちょっと様子見ないと」という、今後一年の私を見据えての監督からの祝福（……）のなかで。とにもかくにも、感無量である。

新しい年を迎え、驚くほど新鮮な気持ちだ。二十代半ばのある時点から、年を越すということがさほど切実なことには思えなくなっていて、ああ、また一歳老けたんだ、年を取ったぶんくらいは分別つけなくっちゃなと漠然と考えるだけだった。年明けに初出勤してやっと「そう！　初心にかえってこの一年はしっかり仕事しよう！　成果を出すのよ！」と、やや芝居じみた決意を固めるくらい。年もあらたまったんだし、少しは鉢巻きを締め直すか、と。

今年はまったく違う。サッカー選手として新年を迎えると、こんなにも違うなんて。最初の練習日。「今年はベスト8進出」というマクロの目標を前にメンバーと自然に気持ちが一つになり、身の引き締まる思いがした。「今年はレギュラー進出」というミクロの個人的目標のほうは「①一日リフティング一〇〇回　②ロングパスの練習！　練習！　練習！　③週三回グラウンド一〇周」という具体的なトレーニングをプラスし（誰かにこう順番をつけてもらったのではなく、自分で考えて決めたあたり、なかなか二年目っぽいではないか！）闘志を燃え上がらせた。

去年と今年の間にハッキリ線が引かれ、キッパリ仕切りを立てられた気分。本当に久しぶりだ。緊張感と悲壮感がちょうどいい具合に混ざり合ったこの意味不明のやる気は、サッカーと無関係の日常にも流れこみ、気がつけば他のいろんなこともフレッシュに思えている。新年のほうから駆け寄ってきて、私の手をぎゅっとひっつかんでいったのだ。

チームにもいくつか変化があった。一番大きな変化は、私がもはやチーム唯一の新人ではなくなったことだ。そう。新しい選手が入団したのである。「はじめまして。カン・ミスクです。ユニフォーム着た女の人たちがこんなにわんさか集まってるって、なんか、見てるだけでも気持ちいいですね」。そう最初の感想を語った彼女は、サッカー場から徒歩三十分の焼肉屋さんでホールスタッフの仕事をする四十代半ばである。

ミスクさんがうちのチームに入ることになったいきさつはこうだ。十一月のある日。店のドアを開けて開店の準備をしていると、わいわいがやがや二〇人ほどの女性の集団が通りがかったという。「見てるだけでも気持ちいい」ユニフォーム姿で、シャワーから出てきたばかりのように髪を濡らした人も何人かいたから、ひと汗かいてきたスポーツ選手なのだろうと思った。あちこちのぞきこんでいるところをみると、営業中の食堂を探しているらしい。ミスクさんは自分から声をかけた。

「うちの店、ランチで定食もありますよ」

「あっ、ホントですか？　この時間でも肉、大丈夫ですか？　やったあ！　ありがとうございます」

威勢のいい挨拶とともに店に入ってきた彼女たちは、以前うちのチームも対戦したFCマリケのメンバーだった（あの超強豪チームだ）。席を案内し、あれこれ忙しく運びながら、彼女たちがプロではなくて（ミスクさんの表現を借りれば）「一般人」だと気づいた瞬間、ミスクさんは「自分の目にチカッと灯りがついた気がした」らしい。

「アタシ、前から男がすっごくうらやましくて！　ダンナは早朝サッカーにあんなに楽しそーに通ってるし、息子はなんだっけ、クラブサッカー？　最近は早朝サッカーよりおしゃれなそういうのがあるんでしょ？　とにかく、そこに楽しそーに通ってるし。アタシだってちっちゃいころは、敵味方に分かれてする球技がすっごく好きだったんだから。得意だったたっていうか？　でも女って、卒業しちゃうとそういうことするチャンスがまったくないから。なんとなく近所でバドミントンやって、スポーツクラブ行って、そんなんばっか。それがやだ、アタシみたいな女でもサッカーしてるっていうじゃない!?　ものすごく驚いたのよ！　本当、世の中のことなんにも知らないで、狭い世界で、目の前のことばっかりに追われていたんだなってさ。すぐにドキドキしたんだよね。こんなこと言うと笑われるかもしれないけど、そうか、アタシ、今までこういうことを待ちわびてたんだ、って」

　すでに練習に参加するのは三回目なのに、ミスクさんは初日の最初の挨拶のときと同じ、トキメキを隠しきれない、恥じらうような表情で話していた。最後のほうになると万感こみあげるものがあったらしく、しばらく言葉を止め、両手で頬を押さえた。

　もちろんミスクさんと私で違うとは思うが、あることについて、自分もやれるという可能性をまったく想像できずに生きてきたものが、突然「やれるかも」という現実と出くわすと、「やりたい」を通り越して「ずっとこの瞬間を待ちわびていたんだ」という感覚になることは、なんとなくわかる気がした。運命的な出会いは時として時間をさかのぼり、現在から過去を照らしだす。生まれてはじめて来た見知らぬ土地なのに、ずっと郷愁や恋しさを抱いていたかのように感じる、矛盾した気持ちと似ているのかもしれない。何かが心にするりと入ってきて、長い眠りについていた感情を揺さぶり、目覚めさせ、恋しさを呼びさます。おそらくは、その感情が深い眠りに埋もれてしまう前の歳月への郷愁。ひょっとしたら、後悔。

女子サッカー界で仲間になるということは

「あの、アタシもサッカーしたいんだけど、どうすればいいんです？」

焼き網を取り換えた直後、ミスクさんは煤《すす》と脂でいっぱいの焦げた焼き網を手にしたまま突然そう切り出した。気持ちと裏腹にずいぶんとぶっきらぼうな物言いになり、言ったそばから後悔したという。ミスクさんにとってはすでに覆水盆に返らず、FCマリケの選手にとっては突然浴びせられた冷や水みたいなものだ。一同は一瞬静まりかえった。が、サッカーしてるのってどんな連中だっけ？　突然水をかけられたら喜んで浴びに行く、もっというと、そういうのが大好きな連中ですぜ。暑ければお互いバケツの水をかけあい、雨の日は自分から濡れにきてサッカーやってる連中ですぜ。

「じゃあ、うちで一緒にやりませんか？　時間が合うんだったらそうしましょう。大歓迎ですよ」

一瞬の沈黙を破って、FCマリケのキャプテンがその場で勧誘に入った。急なこととはいえミスクさんにとってこれ以上うれしくありがたい申し出はない。だが残念ながら時間が合わなかった。FCマリケの練習日とミスクさんの出勤日は、調整する余地がないくらいぴったり重なっていたのだ。が、サッカーしてるのってどんな連中だっけ？　ゴールに入らなければ入るまでシュート打ちまくる連中ですぜ。

FCマリケのキャプテンはあきらめず次の行動に移った。まずはミスクさんの自宅と職場住所を把握、そこから公共交通機関で三十分以内の場所に拠点を置く女子サッカーチームをいくつかピックアップした。そして電話をかけ練習日程を調べた。選ばれたチームのうち、ミスクさんの家からは遠いものの店からはわりに近いうちのチームが、練習日もちょうど都合がよかった。そんなわけでミスクさんは入団の運びとなった。

「あれが十二月初めだったんだよね。本当はすぐにでも来たかったんだけど、いざ始めようとしたら悩んじゃってさ。一日九時間から一〇時間は仕事なのに、朝二時間サッカーしてから食堂でまた仕事っていうのは、どう考えても無理じゃないかって。ダンナと息子も必死に止めてたしね。アタシが病気にでもなって食堂に出られなくなったら、自分たちにしわ寄せがいくと思って余計そうだったのよ。とにかくだから、いまさら何がサッカーだ、もう四十代も半ば過ぎだし、きっと無理だって。体力にだけは自信があるって言ってもきっと続かない、だったらやらないでおこうって、ほとんど気持ちが固まりかけてた」

「やっだ〜、普通はそういうもんよ！　おまけに焼肉屋さんでしょ。焼肉屋さんの仕事がどれだけ大変か。あたしもスタミナには自信のあるほうだけど、サッカーやった日には店に出たら確実にバタンキューだもんねえ」

「私も。サッカーした日は絶対昼寝しないと持たない。でなきゃ疲れて本も読めないよ」

店をやっているジョンシル先輩の言葉に、他のメンバーがあちらこちらで同意の声を上げる。

「でも、いざそう決心したら、しばらくがっくり落ち込んじゃったのよ。あんとき食堂で会ったサッカーチームにも自分より年上っぽい人はいっぱいいたのに、本当にできないのかって。

遅くったっていまから始めておけば、少なくともその人の年まではできるってことでしょ？　一〇年はいける？　それに、自分がそんなふうに仕事ばっかりして老けていくあいだに、どっかで同じ年頃の女が楽しくサッカーしてるのかと思ったら、それも頭にくるじゃない？　ああ、これはやらなかったら一生恨《ハン》になるわーって思ったわけよ。止めようとしてるダンナや息子も憎たらしいし。そう思ったらいてもたってもいられなくなって、出かけていってサッカーシューズやらなんやらワーッと買ったの。それで家に帰ったらどんだけハッピーだったか！　ホントにうれしくってね」

「それで、二週間やってみてどうですか？　お仕事、平気でした？」

どうにも心配でおそるおそるそう尋ねてみると、「正直、大変は大変よ。練習の翌日は足も痛いし、瞼まで筋肉痛になってる気がするしね。でも、体が普段よりへばってて足も腰も痛くても、ものすごく気分がいいから、体がパパパパッてよく動くんだってば。ゆうべはイヤな客が二つのテーブルに陣取っててホント大変だったんだけど、明日の朝はサッカーだって思ったたら、なぜかそんなにイライラしないのよ、ハハハ。こういう感じ？　おいオマエら、アタシをただの、そんじょそこらの食堂のオバチャンだと思われたら困るよ、アタシゃ実は、サッカーしてる女なんだからね！　って。そう心のなかで思ってたら自然に胸を張ってんのよ！」と豪快な答えが返ってきた。ミスクさんがわざと胸を張り、顎を上げ、自信満々のポーズをキメて見せるので、メンバー一同、声を上げて笑い転げた。

ミスクさんが店でFCマリケに出会った瞬間を想像すると、なんだか気持ちのどこかがくすぐったくなる。食堂は訪れる者の目的がはっきりしているぶん、客と従業員という役割が明確に線引きされた空間だ。役割が目に見えやすいから、その裏の「人となり」が見すごされがちな空間。そんな場所で、それぞれの役割の陰にひそむ「人となり」がサッカーを通じて発見された。お互いが、お互いに。それだけではない。ある人生の片隅にうずもれていた「サッカー」も、だ。訪れては去っていく客たちのなか、一つのチームを作る人々と（ミスクさんの表現を借りれば）「そんじょそこらの食堂のオバチャン」で終わりだったかもしれない人が偶然に出会い、仲間になった。世間ではさほど多いとはいえない、女子サッカーという世界の仲間に。

サッカーってどれだけすごいものなの

新しく入った人もいれば戻ってきた人もいる。しばらくチームから離れていたコーチが復帰した。彼女は一昨年、私が入団するちょうど前の年の最後の試合で前十字靭帯を断裂するケガを負い、三回の手術とリハビリのため、去年は一度もサッカー場に来られなかった。彼女に代わる人はもちろんいないと、メンバーはコーチの席を空席にして一年を過ごしていた。それほど信任の厚い彼女と、新年初の練習でようやく顔を合わせたのだ。それまでにも「あの状況でもしコーチがいたら、あの子たち全員殺されてたよ」「ソンギュ（コーチの名前）に比べたら、こんなの猛練習のうちに入らないよね」みたいな感じで折に触れ話題に登場していたので、そのたび私もどんな人かと想像をふくらませていた。

他のチームにまで負けず嫌いで通っている人だったから、みんな「夏頃には復活して軽い運動かなんか一緒にするんだろう」と期待していたのだが、むしろ夏を過ぎたあたりでチームのオンライン掲示板からサッと姿を消し、個人的な連絡も一切断ってしまった。そんなわけで年明け最初の練習日に彼女が姿を見せたときも、練習終了後にみんなでランチを食べに行ったときも、恨み節が相次いだ。

「コーチ、なんでよ。一度くらい顔見せにきてくれたってよかったのに！　あたしたちそのあいだ、コーチはよそのチームにスカウトされてこっそり移籍しちゃったのかなって思っちゃったじゃないですか。監督に年明けから出てくるって聞かされてなきゃ、みんなコーチの家に怒鳴り込みに行く勢いだったんだから。んもう、ひどいなあ。ホント性格悪いよ」

乱暴な口ぶりだったが、実はみんななんとなくわかっていた。膝の手術の日に見舞いに出かけたメンバーは、コーチが「医者が、これから一年は絶対サッカーしようなんて思うなって」と言いながら絶望に似た表情を浮かべるのを見て、涙をこらえるのが大変だったと話していた。コーチがぽろぽろ涙を落とし、それでようやく、みんなも一緒に泣くことができたのだと。

「ふと思いついてスケジュール帳を確認して計算してみたんだ。そしたら、この六年で十日以上サッカーを休んだことは一度もなかった。なのになんと一年禁止のお達しだったから呆然としてね。サッカーなしで生きるのがどんな感じか、思い出せなくて。困ったもんだ。ちゃんと動けないから日常生活が不便なのは仕方ないとしても、問題はリハビリだよ、リハビリ！　痛くて泣いたことなんてほとんどなかったのに、リハビリの初日は痛すぎてずっと涙こぼしてた。前日までサッカーなしでどうやって生きようかって思ってたヤツが、リハビリが始まったら、サッカーなんて二度とやるもんかって歯ぎしりしてんだからね」

「うわっ。それって徒手療法のことですよね？　あれ、本当に痛いんだよなあ。いやあ、あれはホント地獄です、ううう……」

同じケガをし、同じリハビリをしていたグンミが発作的に身震いした。

「ちょうどグンミのことを思い出してまた泣けたね。こんな思いしてたんだってつらくなったし、グンミにめちゃくちゃ悪いことをした気分になった……。あんまりつらいときは電話しそうにもなったよ。ねえ、これずっとやってたらよくなるの？　我慢するいい方法ってないの？　ってね」

「電話してくださいよ！」

グンミもコーチもたちまち涙ぐみ、私まで急に涙がこみ上げる。

「本当、膝のケガってさ。実際、口から呪いの言葉が出たよ。でもまあ、ずっとリハビリしてよかった部分もある。ただ練習できない日が長くなると、ストレスが半端なかった。いやあ、プロじゃないんだし、人生からサッカーがなくなってもさして困らないのに。こんなレベルでさえつらいんだから、いったいプロ選手って、どんな思いでリハビリに耐えてるんだろう」

そうやって四か月ほど過ごして、痛みは残るものの ある程度自転車にも乗れるようになり、ゆっくりとなら走ることも可能になった頃、コーチはとうとうサッカーボールを持って近所の小学校の校庭へ出かけた。力のかかる動きは無理でも、気をつけながらリフティングをするくらいは大丈夫だろうと。実際、数日間は大丈夫だった。だがある日、急に手術直後と同じ強い痛みに襲われた。膝に入れていたボルトが内側から押し出され、結局再手術を受けることになった。

「またわんわん泣いたよ。さらに回復が遅れるわけでしょ？　その時に誓った。ハードなダイエットをしているとき、なんで友達とも会わず、テレビも絶対見ないようにするか。誰かと会えばしょっちゅうおいしいものを食べることになるし、食べ物のコマーシャルを見たらいつも何か食べたくなるからだよね。だから、完治するまではサッカーを思い出させるものを一切断つことにした。メンバーからの電話は一切出ない、掲示板もきっぱりやめる。サッカーしたくてどうにかなりそうになるから。あのときは、たまたま歩いててサッカーボールが転がってるのを見ただけでも見ないフリしてたよね。最後の方はもう、サッカー場の芝を思い出すからって草むらも見られなかった。ほうれん草も食べなかったんだから！　まったく……うんざりだったよ、去年一年」

途中途中で肯きながら、一生懸命コーチの言葉に聞き入っているメンバーの様子をうかがった。「（経験済みだから）その気持ちは全部わかる」というまなざしと「（よくわかんないけど）その気持ちはわかる気がする」というまなざしが空中で交差し、彼女たちを包む、一つのまあるい磁場が形成されているみたいだった。そのなかを流れるある種の磁力を感じながら、私は、たまに頭に思い浮かべてしまう疑問をまたもや感じずにはいられなくなった。サッカーって……なに？　いったいなんなの。どれだけすごいのよ。

リフティング帝王の帰還とボルトの回転

コーチは一瞬立ち上がると、イスの脇にまとめてあったメンバーの荷物から自分のバッグをサッと引き上げた。そしてバッグから小銭入れぐらいのポーチをゆっくりと取り出すと、さらにその中からまた何かを出してテーブルの上に置いた。ボルトだった。一年間、コーチの靭帯と膝の骨をしっかりつなぎとめていたはずのボルト。思ったより大きく、あきれるくらい平凡だった。ボルトっていうのはどれも、サザエの貝殻みたいにグルグル溝が入った似たり寄ったりの形状だとは思うが、それにしても。人体から取り出されたボルトと、机や電化製品から引き抜かれたボルトが似たような見かけであることが改めて不思議だったし、意外だった。

「ボルトを抜く手術の前に訊いてみたんだ。骨から外したボルトをもらえませんかって。クックッ。自分の体のなかに一年間入ってた子だって思ったら、一生大切にしたくなってね。見るたびに思い出すから。これからは試合に勝とうが負けようが、本当に無理をしないサッカーをやるって決めた。今回みたいに、長い間サッカーはできない、リハビリはさせられるじゃ、マジで生きていけないからね。本当に、二度とケガはしない。だからキャプテン、今年私が前みたいに体投げ出して競り合えなくても、あんまりガタガタ言わないでよ」

「ハハハ。さぞかしソフトなサッカーなんでしょうね。わかりました。絶対、何も言わない。

約束！　でもきっと試合になったら、コーチは自分でも知らないうちに走っちゃうと思うけどな。さっきの練習のときだって、体を軽くほぐすとかいってリフティングしてたくせに、むっちゃ殺気だっててハードだったし。ホント、手加減しましょう、手加減」

そうだ。私が何かに突き動かされるみたいに今年の目標のなかに（それもなんとトップに）「一日リフティング一〇〇回」を入れたのも、まさにコーチのリフティングをぼーっと眺めた後なのだった。

リフティングは足、太もも、膝、胸、肩、おでこなど身体の部分を利用して、ボールを地面に落とさずに打ち上げ続けることを言う。一般的には「ボールリフティング」と言われるが、実は正確な用語はキーピーアップだ。サッカーで重要なボールコントロール能力を伸ばし、ボール感覚を磨くのに非常に有効で、多くの選手が基礎練習として地道に続けている。

リフティングといえば、うちのチームでもうひとり欠くことのできない人物がいる。ウンギョン先輩だ。彼女は私よりサッカー歴が二年長いだけだが、チームで一番リフティングがうまい。足が遅くてパワーがないという欠点をカバーするにはボールコントロールぐらいできなければと、週に五日、こつこつリフティング練習を続けてきたという。今は軽く五〇〇回はこなしている。これがどれだけすごいことかを自分を生贄にして説明すると、私の場合、いま現在でせいぜい二〇回である。

新年を迎え、そのウンギョン先輩にも一つ、とても大きな変化があった。サッカーの審判になるため、大韓サッカー協会の四級審判員資格取得講習に通いはじめたのだ。小学校教諭のウンギョン先輩は職場に休職願を出して一年間自由の身になると、さっそくFCペニーの選手二人とサッカー審判を目指すスタディグループを立ち上げた。筆記試験は少し勉強すればなんなく通過できるが、問題は脱落率なんと四〇パーセントの体力テストだ。だから、この三人の女たちは冬のあいだじゅう毎日会ってトレーニングを続けているとか。朝から九時間の講義があるそうで、今週の練習は参加できなかった。

みんな、ホントにとどまるところを知らない。女子にもアマチュアサッカーがあるのかないのか、女子はサッカーが好きか嫌いか。そんなことにまったく無関心な社会のそこかしこで、実はサッカーにハマった女たちがプレーを始め、一緒に始めようと誘い、サッカーでケガをし、必死の思いでリハビリし、ようやくまた仲間に戻り、サッカーができなくて具合が悪くなり、サッカーを覚えるだけでは足りず審判になる準備をし、誰に命じられたわけでもないのにもっとうまくなりたいと毎日毎日練習を続けている。

私も今朝、サッカーボールを持って近所の公園に行き、リフティングを二〇〇回（もちろん地面に数百回落としつつ）こなした。おそらくその話をしたら、母や何人かの友だちからは「やめなって！　あたしたちはだんだん弾力がなくなって垂れてくるお肌のリフティングのほうが先でしょうが！」とあげつらわれるに違いない（実際の話、非常に一理ある賢明な指摘ではある）。

こうして、新年とともにそれぞれのシーズンが始まった。サッカーと歩むうちにあっという間に春になって、夏が過ぎ、秋を迎えるのだろう。サッカー選手としての二度目のシーズンがどうなるかに胸を躍らせつつ、どうか誰一人、ボルトを骨の一部にしたりすることのない一年でありますように、とサッカーの神様にお祈りした。

ストッページタイム
チームには、勝たねばならぬ試合がある

月と五《オ》ペンス

今年も来るべきものが来た。ＦＣペニーとのシーズン初戦。公式大会の試合ではない。したがって、トロフィーも、賞金も、名誉も、わざわざ観戦しに来る観客もいない。うちのメンバーもそんな理由をあげては、勝っても勝たなくてもどっちでもいい練習試合なんだから、と大して気にかけていない「フリ」をしている。去年は本当にそうなのだろうと思っていたが、もはや二年目の私は騙されないのだ。ものすごーく、よくわかっている。この試合が、私たちのチームにとって一年で最も重要な試合、ではないかもしれないが、「負けたら一番頭にくる試合」、つまり「どんなことがあっても必ずや勝たねばならぬ試合」であることを。

去年も今頃だった。「ＦＣペニーとの試合日程が決まりましたー」とキャプテンが言った瞬間を今でもはっきり覚えているのは、なにもカメラアプリのモノクロフィルターをかけたみたいにキャプテンの表情が硬かったせいばかりではない。キャプテンがそう口にすると同時に、メンバーがみんな一斉に口をつぐんだのだ。あれれれ。うちのメンバーが、誰かの話におしゃべりを止めるなんて！　当時入団二か月目にしてはじめて見る光景だった。

そのときはじめてFCペニーのことを知った。うちのチームの最大のライバル。ホームグラウンドにしているサッカー場が近いうえに設立も同じ年のため、最初の年から両チームはなにかというと意識しあってきた。しょっちゅう練習試合をしているから、実は仲もいい。だが勝敗だけは常にガチンコだ。特にシーズン最初の直接対決は半端ない。

一年の先行きを占う試合だからということもあるが、健康上の理由で監督の座を退いたキム・パルリョン元FCペニー監督と、彼の実弟でうちのチームの監督を務めたキム・トンニョン元監督（今の監督は四代目でキム・トンニョンさんは二代目）が、シーズン最初の対決をイベント扱いしていたため余計そうだった。いつの頃からか、二人はポケットマネーを投じて勝利チームにランチをおごるようになったのだ。かなりの大金をつぎこんでまでなぜそんなことをするのか、私にはまったく理解不能だが、まあこのサッカー界、理解不能な人は一人二人ではきかないし。二人は非公式に「パルリョン－トンニョン杯《カップ》」と呼び、毎年の観戦を非常に楽しみにしているらしい。

私たちのチームは、一度もそのランチにありつけていなかった。ランチイベント開始以来、なんと四連敗を喫しているのだ。「勝っても勝たなくてもどっちでもいい練習試合なんだから」

で始まる、「ヒューマン必死に慰め体」ぐらいのフォント名がつきそうなうちのチーム専用の虚勢コメントに、フォント名「ヒューマン必死に沈黙してる体」の「負けたらそれまでだけど、お昼おごられるのって魅力だよね？　おじいさんたちのごちそうしてくれる五枚肉《オギョプサル》*、一度くらい食べようよ」がつづくセリフを、去年も聞かされ今年も聞いているわけだが、それはすでに五枚肉の問題ではなかった。四年のあいだに削りとられ、どこかにうず高く積もっているプライドをまたかき集めてくるという問題だった。

　そのプライドがかかった闘いに誰よりもナーバスになっていたのが監督だろう。彼の就任と同時に四連敗が始まったからである。シーズン全体でみればうちのチームの勝利もそれなりにあるのだが（去年の戦績は三勝五敗二分け）、不思議なことに毎年初戦だけはずっと負けつづけていた。シーズン初対決という象徴的な意味合いを考えると（無料ランチに加え、監督経験者を前にした威信までかかっている）この四連敗は相当堪えているはずで、絶対勝ちたいとあれこれ考えすぎているのは試合当日の朝の発言でも明らかだった。選手を集め作戦指示を飛ばす前に、私を入団初日から混乱させた、例のあやしい例え話をえんえん続けたのだから。

「みなさん、昨日はしっかり眠れましたか？　寝る前に、ひょっとして夜空を見上げたかな？　昨日の月、ほんとーにきれいだったでしょ。あの月がどういう原理で光っているか、知ってますよね？　どうやってかかっていうと、月は自分で光を出せませんよね。太陽光が月の表面に反射して地球まで届く。それが月の光なんです。そういうの、他になんかあるでしょ？　そう、まさにこのサッカーボール！　このボールがまさに月なんです、月！　ボールは絶対に一人では輝くことはできない。みなさんがどう扱うか、どう動くかで、ボールは輝きもすれば輝かないこともあるんです。つまり、ボールを美しい月にできるかどうかは、みなさんがボールをどうさばくかにかかってる。これです！　わかりますよね？」

ええ、ですよね……。それでいったら私の足も月だし（どう筋トレするかで輝きもすれば輝かないことも）、監督の声も月だし（何を言うかで輝きもすれば輝かないことも）、少なくとも今朝食べたトマトや卵は月なわけで（どう料理するかで輝きもすれば輝かないことも）、サッカー場も月で、イスも月で、パーカーも月で、この世界で誰かに扱われるものすべてに、月でないものってありますっけ……。丸い月を見てもサッカーボールを思ってしまうくらい、ものすごく気合が入ってることぐらいは、ちゃーんとわかってます。

感性豊かな自分のスピーチに一瞬酔っていた監督だったが、すぐに声のトーンを変え、今日の作戦について説明を始めた。予想通りではあった、ある程度までは。

本日の作戦名は皆既月食

「短くパスをつないで組織的になにかしようなんて、ぜーったい考えないでください。正直、うちのチームはそういう能力、ないです。無条件に前へ、ポンポーンと長く蹴る！　ハーフ

＊　皮付きの豚バラ肉の焼肉のこと。

ウェイラインを越えるのが一番大事ね。ハーフウェイラインを越えてきたボールを取るでしょ？　そのときも同じです。セットプレーだなんだやってやろうなんて考えは、捨てる。無条件に、シュート。とりあえずゴールポストにポーンって蹴れば、ボールはリバウンドして戻ってくる。ポストに当たろうがディフェンダーに当たろうがなんだろうが、戻ってくる可能性ってのが生まれますから。いいですね？　何かしてみようと思って、無駄にボールを持たないことですよ！」

私も予想していたしみんなも予想していたはずの「縦ポンサッカー」の再臨だった。そこまで聞いてなぜ月の話をしたのかますますわからなくなってくる。ボールが美しい月になるかどうかは私たちの扱い方次第と言いながら、今度は絶対に何かしようとするなって。ボールを月にすればいいのかしなきゃいいのか。ひょっとして、皆既月食状態の月がお好き？　だが、今日はこれにもう一つ、さらなる作戦が加わった。

「ジョンシルさん、ジュヨンさん！　FCペニーに新しく入った選手が誰か、だいたいわかってますよね？　そんなかに二人、選出がいるらしいんです。だが誰かまではわからない。プレーしてるうちにコイツだ！　って思う選手が出てくると思うんですよ。そしたら一人に一人ついて苦しめてやってください。ほら、あるでしょ。審判に見えないところで脛を軽く蹴ったりこっそり足を踏んだり、そういうやつ。絶対にケガさせないように、安全な状況でチラッとやって、相手を集中できなくさせる。二人とも、今日は無理にボール取ろうとしたり蹴ろうとする必要、ないです。しちゃダメ。その二人を苦しめることが今日の一番大事なミッションだから！」

別名マンツーマン・ダーティプレーで（二人のやりようによっては、輝くこともあれば輝けないこともある）相手チームのエースを、輝けないように封じろというのだ（やっぱり、皆既月食がお好きに違いない）。ややセコくてつまらない作戦なのは確かだが、うちの監督のみならずよそのチームでも「緊急時」にときどき使う手である。ひょっとしたらFCペニーも、この試合で同じ出方をするかもしれない。

ともかく、こんな華麗な（？）作戦で、果たして連敗記録を四で止め、勝利の五枚肉を食べることはできるのか！　ぶ厚い五枚肉か、それともぶざまな五連敗か？（観戦ポイントその一）そして、冬のあいだずっと「無条件にロングパス、無条件にシュート」の縦ポンサッカーに照準を合わせ、ドリブルやトラップなどの基本テクニック強化を中断してボールをポンポン蹴ってきた私のやっつけテクは成功するのか？（観戦ポイントその二）　待望のホイッスルが鳴った。

だが、思いもよらない変数に振り回され、チームは出だしからギクシャクしていた。マンツーマン・ダーティプレーを指示されたとき、気乗りしない表情で「一度もやったことがないんで、うまくできるかよくわかんないですよ」と答えていたジョンシル先輩と、「これまで一度もやらされたことがなかったから言わなかったけど、正直私、マンツーマンってサッカーじゃないと思ってるんだよね。ボールのことはいいから、ただ力まかせにぶつかって邪魔しろってことでしょ。ちゃんとボール蹴りたいと思ってきてる人間に、なんでそんな力自慢みたいなことをさせるんだろう？」と陰で不満を口にしていたオ・ジュヨンが（彼女はマンツーマンにひどく否定的なタイプだった）、誰が相手チームのエースか気づかないフリ、「15番だ、15番！」と外でイライラと叫ぶ監督の声には聞こえないフリで、静かな反抗プレーをしていたのだ。

そして、そのせいで私は若干驚きの行動をとることになった（後で聞いた話だと、見ていたメンバーや監督も少し驚いたらしい）。言われた通りしか動かず、ただの一度も試合中自分で判断したり、積極的に、いや、消極的にも自分の意見を表にしたことのない、キャプテンの言い方を借りれば「堅っ苦しいFMラジオスタイル」の私が、何かに取り憑かれたみたいにジョンシル先輩にずんずんと近づいていって、物申したのである。

FMラジオはちょっと消しとけって

「先輩、いくら嫌だからって作戦通りに動いてもらわないと、チームの足並みが乱れるんですよ。いま15番が完全にフリーで引っかき回してるのに、どうするんですか」

……とキッパリ言ったわけではなく（そうだったらカッコよかったろうが、人はそんな急にガラリとは変われない）「先輩、じゃあ私が15番をマークしますんで、先輩が私のポジションに入ります？」と、非常に慎重に提案を持ちかけ、ジョンシル先輩も合理的な判断と思ったのか、だまって私のポジションに移動した。はじめ「アイツら何やってんだ」と明らかに疑いのまなざしで眺めていた監督やコーチ、キャプテンも、そのほうがまだマシだと思ったのか特に何も言わず、試合は続行した。

そういう提案をしただけですでに一か月分の図太さを使いきってしまった私は、15番の脛を軽く蹴ったりこっそり足を踏むなど夢のまた夢、堅っ苦しいFMラジオスタイルでマークし、それでもまあ比較的うまくカバーできている感じだった。マンツーマンだから、今日の観戦ポイントその二に挙げるほどやる気満々のロングパスはもちろん、ボールにだってまともに触れそうにないが、仕方ない。自分がわざわざ自分の足で近寄っていって提案したことを、いまになって後悔してもね。

実際、後悔しているヒマさえなかった。終始激しく押される展開だったのだ。FCペニーとの力の差は歴然だった。今日に限ってゴールポストが私たちに味方し、FCペニーのシュートを二回ほど跳ね返してくれたからよかったようなものの、大きく水をあけられてみんなやる気を失い、途中で諦めてもおかしくないゲームだった。なんとか運よく０-０で前半を終えられたが、ベンチに向かいながらみんな同じことを考えていたと思う。いまや五枚肉は限りなく薄くなってぺらぺらの三枚肉《サムギョプサル》となり、まったくナシになる一歩手前。いっぽう五連敗のほうは、六連敗、七連敗の影まで漂わせながら私たちの目の前にグッと迫っている。

「みんなが何考えてるのか、ちょっと理解できないんだけど……」

コーチのかすれた声が全員の肩に重くのしかかった。厳しい指摘が続くはずだ。そういうとき、監督はいつもキャプテンやコーチの背後にこそこそ逃げ込む。コーチの向こうで、監督が手持ち無沙汰に飲み物の入ったボトルを整理しているのが見えた。

「うちのチームの問題は、みんなあまりにお人よしだってことだよね。お人よしもお人よし。相手にドンってどつかれたら、あ、そうですかって思ってただ譲るわけ？　どうしてそんなことができるんだっけ？　ダメでしょうが、どかされてんだよ！　マークしてる相手が、自分をパッと振り切ってあんな楽しそうに走っててんだよ！　それ、頭に来ないですか？　どうしてそれで怒んない？　相手の髪ガシッとつかんででも抑え込もうと思わない？　もちろん、本当にそうしろって言ってるんじゃないですよ。プライドを傷つくことをされたら、ちゃんと傷ついて、もうちょっと考えて試合しようよ！」

こんな人が、今シーズンは体をいたわって無理のないサッカーをしようと決めたなんて、本当によほどのことだったろう。とにかく、コーチの一喝のせいか、あるいは各自前半でそれなりに思うところがあったからか、後半は明らかにプレーが激しくなった。絶対にどくもんか。目の前でおいそれとはボール渡さないからな。そんなメラメラ燃えあがる執念で相手にぐぐっと迫り、プレッシャーをかける。そのかいあってFCペニーのペースは乱れ、15番にボールが来ても少し頑張れば十分奪えそうな気がしてきた。ディフェンスだけで精一杯、パスカットなんか考える余地さえなかった前半に比べれば、状況は少し好転していたのだ。

なので、結果として私もワイルドになった。奪えると思うとより積極的にボールに食らいつき、そうするとしょっちゅう15番とぶつかりあいになり、ついには彼女の肘がお腹のあたりに当たって（彼女はわざとそうしたのではない）一瞬倒れこんだが（私はわざとそうしたところもある）また立ち上がった。動くたびにぶつかったところがずっとうずいていたが、とにかく少しずつボールを取れるようになり、それは待ちに待ったロングパスのチャンスにつながった。最初のロングパスは外れた。あまり伸びず、ＦＣペニーのミッドフィルダーの足元にピタッと収まってしまった。二回目はけっこううまく当たってハーフウェイラインを越えた。だが落下地点にチームの選手がいなかったため、余裕で相手のボールになった。三回目はうまく出せたと思ったが力が入りすぎて曲がり、ラインの外に出てしまった。

必死の思いでボールを奪い、パスを出しているのに、いずれもＦＣペニーに有利な結果になると、「おい、君はまだまだなんだ。いい気にならず、言われた通りマンツーマンだけ、生懸命やっていたまえ」と、私のなかのＦＭラジオが静かに警告を出してきた。後半残り五分という大事なタイミングで、これ以上の失敗は許されない。だね、残り五分は本当にそうしてなきゃねと、自分から聞こえる声にうなずこうとしたその瞬間、また別の声がした。

「おーい、キム・ホンビ！　いいぞ！　外に出してもいいから、今の調子で前に蹴るんだよ！いいぞお！」

え？　これは私の中の声じゃないんですけど。私の中に、こんな確信に満ちた自我が住みついているわけがない。声の主は、ハーフウェイラインのあたりにいたキャプテンだった。後ろでコーチとスンウォンも「どんなボールも受けるから、信じてそのまま蹴っていこー！　待ってるよう！」と大声をあげながら自分のポジションについた。

その瞬間、さっき15番とぶつかったお腹の下、ずっと深くて暖かいところがじいんとした。鼻先が少しつんとした。はじめてだ。今みたいに次から次へと相手に攻撃権を差し出すようなマネをしたり、どうしようもないミスをしたときによく聞かされてきた、サッカー初心者をがっかりさせないための慰めに似た褒め言葉ではなく、プレーそのものを褒めてくれる言葉。みんな心から、私が今のプレーをそのまま続けるように願っている。チームのために。私の足先にみんなの期待がかかっていた。入団以来はじめて。ものすごく、小さな期待ではあったけれど。

止まっていても流れる時間のあいだで

試合は0-0のまま後半のアディショナルタイムに入るところだった。ここで勝負がつかなければ延長戦になる。それはマズい。体力面ではうちのチームが絶対的に不利だからだ。それをよく知っているから、FCペニーの選手はボールをたらたら回してわざと時間を稼ぎ始めた。ジリジリと、時間が虚しく流れていく。

そのときだった。ボールが曖昧な軌跡を描きながら15番の方に飛んできた。軌跡が曖昧だから、奪いにいきたくてもどう落ちるか読めない。ぐずぐずしているとボールは15番の足に当たり、バウンドして私の方へと転がってきた。いまだ！　絶対逃してはいけないチャンス！　戸惑い顔の15番がボールめがけて猛ダッシュしているから、立ちつくしている暇はない。転がるボールのリズムと自分のリズムを合わせ、精いっぱいの力で前にポーンと蹴り出した。方向さえ反れなければ伸びるはず。蹴った後、足に残った反動でそれはわかっていた。そして幸い、方向もピッタリだった！

お願い、お願い、誰か取って。ハーフウェイラインを越えていくボールを見つめながら心の中で切実な声を上げていると、遠くでキャプテンが全力疾走していた。ボールの予想落下地点にはFCペニーの選手が二人すでにはりついているが、キャプテンは肩で激しくぶつかってボールをもぎとることに成功した。左足でワンタッチ入れてボールを得意の右足で蹴りやすい位置に置き、そのままゴールめがけてシュートを放つ。ピシュッ！　音とともにボールがネットを揺らした。なんと、おお、なんと！　右隅に突き刺さった、見事なゴールだった！

キャプテンが両手を上げバンザイを叫んだ。キャプテンの一番近く、ペナルティアーク周辺にいたスンウォンが駆けだしたのを合図に、みんなが歓声を上げてキャプテンに駆け寄る。私も走った。監督も「だから言ったっしょ！　無条件にロングパス、シュートだって。ほら、だから入った！　正しかった！　よくやった、よくやった！」と叫び、抱きあう私たちの脇でぴょんぴょん飛び跳ねていた。

本当にそうだった。監督の言葉は正しい。この少し前、私はちゃんとこの目で見たのだ。自分の足が蹴り上げたボールが空を割いて飛んでいくとき、降り注ぐ日差しを受けて、一瞬白く輝いたのを。それは本当に白い月みたいだった。空中でボールが月になった短いあいだに、私たちのチームは全員、その月に祈りを捧げていたはずだ。お願い、お願い、一ゴールだけでも決めさせて、と。そして叶った。月の光のようにほのかだが明るく輝く、1‐0の勝利だった。

「いやあ、ウチら去年、FCペニーに負けて、いや〜な気分でカルビスープ食べて別れたの、覚えてます？　勝ったチームはジューッって火で焼いた肉食べてるだろうに、負けたこっちは水に溺れた肉を食うのかよって！　ああ、いま思い出してもムカつくなあ。今日はウチらも、火であぶった肉をいっぱい、いっぱい食べましょう！」

満ち足りた表情で五枚肉を焼き網に一枚ずつ乗せ、もう片方の手でビールと焼酎を二対一のチャンポンにしたジョッキを高く掲げると、キャプテンが声を張り上げた。かんぱーい！

ランチのあいだもときどき胸が高鳴り目頭が熱くなるのは、立て続けに飲んだ焼酎のビール割りのせいだけではなかったと思う。絶対勝ちたかった試合にとうとう勝った。そしてとうとう、私が何かでチームの役に立てるようになった。とりあえず、はじめて何かした！　公式試合ではないから公式記録的なものはどこにも残っていないが、なんと「アシスト」をしたのである。いまこうやって書いていても信じられない。自分がアシストをしたなんて。みなさん！どうぞ覚えておいてくださいね。サッカー選手、キム・ホンビのここまでの成績は一アシスト一ゴール（オウンゴール）でございます！

そしてそれが、この本に記す私の最終記録でもある。一時はこの本を、人生初ゴールを決める場面でしめくくりたいと思った。失敗に終わったし、予期していた失敗だった。とはいえまさか縦ポンサッカーで、十数年サッカーファンをしながらずっと無視しつづけてきた縦ポンサッカー成功の話で、終止符を打つことになろうとは。それも、アディッショナルタイムにかろうじて繰り出したポーンパスとは。本当に、人生何が起きるかわからないし、サッカーではますますそうだ。でもまあアシストはしたんだから、エンディングとしては悪くないだろう

（……と、いかにも毅然と、クールにまとめたいところだが、正直に告白するとあのパスを思い出すたび、いまだにうっとりしてしまう）。

「ホンビさん、アディッショナルタイムでは本当に落ち着いてましたね！　この一年ですっかり選手っぽくなったなあ。選手っぽい」

隣に座っていたスンウォンが五枚肉をほおばった口をもぐもぐさせながら私の肩をぽんと叩いた。スンウォンは試合中相手の強いキックをまともに顔に受け、目の周りに青痣を作っていた。痣には生肉を貼っておくと治りが早いという誰かさんの主張にしたがって、焼肉屋の社長から分けてもらった生の牛肉を一切れ、目元にぺったり貼りつけている。どう考えても怪しげな治療法だが、肉の専門店でやれば試してみる価値はあるのかもしれない。

「だよね。ホンビ！　よかったよ！　本当にお疲れ！」と何人かの先輩たちが拍手をしてくれた。その横でジョンシル先輩が数人を前に、この店のおかず甘すぎ、しょっぱすぎと難癖をつけている（自分の店で料理も出すので、先輩はいつも必要以上によその飲食店に敵愾心を抱いている）。隣ではウンギョン先輩が片方の足にぐるぐる巻きにしていたテーピングをウンウン言いながらはがしており、さらに横ではキャプテンを中心にした残りのメンバーで今日の試合の振り返りに余念がない。試合の後、いつも目にする光景。数分前までピッチの上にいて、すべてを出しつくした人々。私のチーム。

サッカーで「追加時間」を指す用語はかなりある。韓国で最も多く使われているのはインジュアリータイムだし、他にもロスタイム、アディッショナルタイム、エキストラタイムなどがあるが、そのなかで私が一番好きなのが（韓国ではあまり使われていないが）ストッページタイムだ。ストッページタイム。止まっている時間。電光掲示板の時計は止まっても、ピッチの上ではずっと時間が流れている。どんなときよりも濃密な時間が。これからの私のサッカーもきっとそんなふうだろう。本の中での私の物語はここで止まるが、別なところではたえまなく、キム・ホンビのサッカー時間が流れつづけるはず。何が待っているかはわからない。そもそも、追加時間には何が起きてもおかしくないから。でもサッカーと一緒なら、どこでだって楽しめるだろう。なによりキム・ホンビは、追加時間に強いのだから。

エピローグ
傾いたサッカー場で

その人もピッチの上を去るのだろうか

参加できるサッカーチームを探していたくせに、いざチームという一種の「組織」に加わろうとするとなかなか気のりがせず、当日の朝まで悩み、躊躇していた「超個人主義者」。長い間「人は群れないほどいい」とこっそり思っていたその超個人主義者がサッカーにどっぷりハマるまでに、一年もかからなかった。入団初日、顔に緊張の色アリアリの私に向かって、彼女たちは豪快に笑いながらこう言った。「最初の半年をがんばれたら、一生サッカーやめられなくなりますよ。これ、たまんないから」。言葉どおりサッカーの魅力もすごかったが、サッカーボールとサッカーをする女たちとの時間は、サッカーを介して社会の一つの裂け目をのぞきこむ時間でもあった。

私から聞いてはじめて女子サッカーのことを知った人のなかには、まずプロでもない一般の女子サッカーチームがあることに驚き（「確かに。男子が早朝サッカークラブ作ってるみたいに、女子だって普通にクラブつくってやってたっておかしくないのに、なんで〝女子サッカーチーム〟って一度も考えたことがなかったんだろう？」）、そういうチームが全国各地に非常にたくさんあって、多くの女性が長いあいだ、とても真剣に、情熱的にサッカーをしているということに驚き（「おまけに公式大会まで？　親善とかじゃなくてマジのやつなの？」）、チームを主導しているのが四十代から五十代の女性だと聞いてまた驚く。私も始めるまでは知らなかったし、だから驚いた。

特に心惹かれたのは、うちのチームだけでなくアマチュアの女子サッカーチーム全般に言えることだが、最も意欲的に活動している年代が四十〜五十代だという点だ。マスコミやバラエティ番組は未婚男女のシングルライフや四十〜五十代男性の日常をこまごまと取り上げるのに必死だが、同年代である四十〜五十代男性、あるいは同性の二十〜三十代女性にくらべて、四十〜五十代の女性には自分の趣味を積極的に、主体的に楽しんでいるというイメージが薄い。そうであったはずの彼女たちが、グラウンドを駆け回ってサッカーボールをポンポン蹴り、カラオケに行く代わりにプルスパン（プレイステーションができる店）で何時間もサッカーゲームに没頭していると知って、私は少し痛快な気分にさえなった（バラエティ番組よ、もうちょっと四十〜五十代男性以外のところにカメラを向けよう）。

だが、四十〜五十代女性の比率が一番高いのにはそれなりの理由がある。子供がある程度大きくなって育児から解放されているから、なのだ。アマチュアの女子サッカーチーム全体を見ても、いま現在未就学児を抱えている選手はほとんど見あたらない（もちろん出産の時期によって例外もあるが）。普通そこでまず三十代がごそっとひっかかってしまう。うちのチームでも、サッカー場にやってくる三十代は未婚か、私のような子ナシ既婚者だ。私と一回り違う六年目のミッドフィルダー、オ・ジュヨンも妊娠し、これ以上練習には出て来られなくなった。

オ・ジュヨンから妊娠を初めて知らされた日、予定にはなかった送別会が急遽開催された。彼女が心待ちにしていた妊娠だったからみんな本当に祝福していたが、数年間ピッチから姿を消すのかと思うとひどく寂しかった。切なくて、みな口を揃えて言った。サッカーしたくてたまらなくなったら子供と一緒に来て、一ゲームでいいからやっていきなね。ここには、そのあいだ子供を見てくれる人なんてゴロゴロいること、忘れないでよ。言ってはみたが、それが簡単でないこともまたよく知っている。自分が直接経験したり、あるいはそういうケースを目にしていたからだ。

すでに私の入団前から、出産と育児で一時休部中の、会ったこともない名前だけのメンバーがいた。オ・ジュヨンも含め、彼女たちがしたくてたまらないサッカーをするとき、その間子供の世話をする人間に、なぜ夫より先に同じチームの女たちを自動的に思い浮かべてしまうのだろう。オ・ジュヨンの夫もどこかのクラブチームでサッカーをしているらしい。彼も子供が誕生することでメンバーに送別会をしてもらい、何年間かピッチを去るのかどうか、とても気になる。

実際に子供をサッカー場に連れてくる選手もいる。ほとんどは育児から完全に自由になれない小学校低学年の子供の親だ。似たような年ごろの子供を持つ選手同士であらかじめ連絡を取りあい、数人一緒に来ることもある。私たちがサッカーをしているあいだ、子供たちは自分たちだけで隅でボール遊びをしたり、試合を見たりしている。サッカーチームの活動に子連れで来て申し訳なさそうにしている選手もいるが、全体として「そんなことを思う必要はまったくない」という空気だ。連れてくればそのぶん一回、選手は子供の心配をせずにサッカー場へ来ることができるし、子供達はママと一緒にいられる。どうせ芝は広いし、サッカーボールはいっぱいあるし、サッカー場は大人にも子供にも楽しい、ひょっとしたら小さな力を与えてくれるかもしれない場所なのだから。

仕事と育児の時間の隙間をかいくぐり、なんとかして日常にサッカーを押し込もうとすることの人生行路そのものが、なんとかしてボールをゴールに押し込もうとするある種のサッカーなのだ。傾いたサッカー場という世界に暮らす女たちは、それが決して容易な道のりでないことをよく知っているから、それぞれがそれぞれの日常に精一杯サッカーを押し込めるよう、パスを送り、スペースを作り、息を合わせる。そこでは私たちは、一つのチームである。

自ら巻き込まれた者たちの運命

そんなひそかなチームプレーが表に現れ、よりパワーアップするのは、サッカーを男の領域と決めつけてズケズケ線引きしてくる相手と出くわしたときだ。例えば、サッカー歴二十年を越える元韓国代表の女子選手にまでコーチングしようとする男や、サッカー場を一周している散歩中に「週末ここでサッカーしてたら、ダンナのお昼ごはんはどうするんだ？　ご主人、サッカーしていいって言ってんの？」と声をかけてくる一団。ときには会社の同僚やＰＴＡの父兄からそんな言葉を聞かされることもある。そうなると選手たちは「なんで女がお昼ごはん作らなきゃならないんですか？」「自分が好きでやっていることに、どうしてダンナの許可が必要なんですか？」と、ささやかな論戦を仕掛けるのだ。みんな個人的な不愉快さに対処しているだけなのだけれど、その不愉快さが性別で役割を分ける旧態然とした社会通念からきていることを考えると、これは世間が線引きした領域との神経戦にほかならない。

神経戦は幼い頃から始まっている。二〇一六年五月、京畿道《キョンギド》教育庁主催の学校対抗体育大会で、男子はサッカー、女子はドッジボールと種目が限定され、そのせいでサッカー選手になることを夢見ていた女子小学生が出場の道を閉ざされたという記事が出たことがあった。女子生徒と友人たちは「女子だってサッカーします」と抗議したが、結局、教育庁の決めた境界を越えることはできなかった。同じ年、うちのチームの総務先輩の娘が美術の宿題にサッカーをするママの絵を描いてもっていき、パパの間違いだと思い込んだ担任やクラスメイトに「女だってサッカーします」と説明せざるをえなくなった。幸い彼女は認識の壁にちょっとした風穴を開けることに成功した。

そういう出来事に直面するたび、なぜかピッチを踏みしめる足に力がこもる。そんなふうに世間の一方的な区分けをまざまざと見せつけられるとき、自分たちの属しているチームと自分たちがそこでしている趣味の活動が、領域を蹴散らし、境界を曖昧にするのに一役買っているという自覚が生まれる。私たちが今やっている運動が、「運動」になる瞬間だ。日常で個人が偏見と闘うためにできる運動とは、結局のところ偏見の対象を減らすことではないだろうか。「女子が○○をしてるだァ?」という文の○○に入る単語の数を減らすような。私と私のチーム、そして多くの女子サッカーチームの仲間たちは、○○から「サッカー」という単語をなくそうとしていることになる。

　本当はただサッカーが好きだからやっているだけで、それがたまたま運動になっちゃうわけだが、考えてみれば運動というのはすべてそういうものなのだろう。サルトルの「アンガジュマン*」という概念をチラッと借りてくると、たまたま生まれた「自然的なかかわり」が、「参与的なかかわり」に転換する瞬間だ。サッカーが好きだからしているだけなのに。個人的に不愉快で我慢ならないから対抗しているだけなのに。体育大会に出られないのが頭にきて抗議しただけなのに。なんとなく見た通りのママの絵を描いていっただけなのに。つまり私たちは、自分らしい人生を生きて、好きなことをしたいだけなのに。社会に抑圧されたこの「〜したいだけ」が集まって運動になり、波のように打ち寄せ、境界線を少しずつ、消していくのだ。

　だから、社会にはサッカーをする女たちのチームが一つでも多くあったほうがいい。もともと運動って、頭数が多いほどパワーアップするものだし。そうしたら、「女子はサッカーしないから参加はさせられない」なんて方針に風穴を開け、小学生の女子があたりまえにピッチに立てる日がもっと早く来るのではないだろうか。私が子供だった一九九〇年代から二〇一〇年代のいまに至るまで、あきれるほど長く守られてきた「男子はサッカー、女子はドッジボールやキックベースボール」の公式が崩れ、小学生のスケッチブックに書かれた「摩訶不思議な」サッカーをする女の絵が自然に教科書の挿し絵に使われる日も近づくのではないだろうか。そうなったら、今はまだ遠くて見通せないけれど、サッカー同様、男の専売特許と思われているたくさんの分野でも、絶えず認識の壁に穴がうがたれ、隙間が広がり、やがてたくさんの人々が何の隔てもない大きな広場で出会える日を、前倒しにできるのではないだろうか。

「超個人主義者」の私としては想像もしていなかったが、どうやらそうなのだ。人は、集まるほどいいらしい。少なくとも、サッカーボールの前では。特に、女子は。何より、サッカーは面白いし。とっても面白いし。なんだかんだいっても、面白ければとりあえず、いいんじゃないだろうか。だってこれ、本当にたまんないよ。

＊ engagement　社会的現実に自らかかわり、自分を拘束し、自分を巻きこむこと。

訳者あとがき

まばゆい日差し。広がる緑の芝。ボールと呼吸を合わせたくて、自分の目指すサッカーをしたくて、女たちは今日も、仕事と家族、体調、そして人生と折り合いをつけながら、サッカー場へ集まる。

本書は、アマチュアの女子サッカーチームに入団した著者が、文字通り体ごとぶつかって学んでいくサッカーの物語。と同時に、女性たちの連帯の姿をも描き出す物語だ。

ここ数年、韓国の出版界では「ポスト『キム・ジヨン』」とも呼べる動きが続いていた。二〇一六年に発表されたチョ・ナムジュ著『82年生まれ、キム・ジヨン』（斎藤真理子訳、筑摩書房）が女性の経験する不条理の一大カタログだったとすれば、今はその不条理の一つ一つにどう向き合っていくか、答え探しが続いていることになる。そんな動きの中から浮かび上がったテーマの一つが「女の身体《からだ》」だと、エッセイストのイ・ダへは分析している。切り口はふたつあって、一つは生理や妊娠など、女性の身体に起きる現象をタブー扱いせず真正面から取り上げたもの。もう一つは「自分が思う」美しい身体の追求だ。実際、妊婦になってはじめて苛烈な身体の変化を経験し、にもかかわらず社会はそうした変化をまったく考慮していないと痛感する妊婦の日記や、デスクワーク漬けの人生から脱し、自分に合うスポーツを見つけ出す編集者の体験記などが好評を博している。二〇一八年に刊行された本書は、まさに二つ目の切り口の代表格といえる作品だった。

毎週コツコツと練習を重ね、うまく動いてくれない体に歯ぎしりし、公式試合に胸躍らせる。どうしたらサッカーがもっと上手くなれるかで頭がいっぱいの女性たちを描いた、体育会系エッセイ。本書はサッカーファンのみならず多くの読者に支持され、韓国オンライン書店YES24主催の「2018年今年の本」にも選ばれた。刊行から二年以上経った今も、SNS上には、「泣いて笑って感動しての無限ループ」「三ページに一回爆笑させられる」「サッカー教室に通っている娘にも読ませてます。女子サッカー、ファイティン！」などの熱い感想が上がり続けている。

もちろん、普通にサッカーエッセイとして読んでも楽しい。だが、まったくサッカーを知らなくても何の問題もない。ページを繰るごとにじわじわと、「あること」に気づかされ、わが身のことと思えてくるからだ。あること。それは「誰かが、好きな運動を、思う存分やる。そんなことさえままならない社会に、私たちは暮らしている」という現実である。

ひとたび著者と一緒にサッカー場に向かえば、私たちはあまたの不条理を目にすることになる。

「ロビングシュート」の章で描かれるのは、女性がサッカーの世界に足を踏み入れたら最後、決して避けることのできないマンスプレイニングについて。ある日の練習試合で、著者のチームは四十〜五十代の男子チームと対戦する（普段は同年代の女子チームか、高齢男性からなるシニアチームが相手）。彼らは、女子チームのキャプテンであり元プロ選手、かつ元韓国代表に、実にどうでもいい助言する。あげくの果てに「昔よりちょっと肉ついたんじゃないですか？」と、トレーナーまで紹介しようとする始末。もしこれが男子の元プロ選手なら、しかも元韓国代表なら、たとえその選手がはるかに年下だとしても絶対にあり得ない光景だろう。ところが、相手が女子だと、なんのためらいもなく実行に移される。

実はこのマンスプレイニングを、翻訳中訳者もずいぶん体験した。自慢ではないがサッカーの「サ」の字も知らなかった私は、著者のサッカー知識になんとか追いつこうと、藁をもつかむ思いで資料を読み漁り、試合を観戦し、周囲の「自称サッカー好き」の人間に質問して回った。そういう知人はほぼ男性で、その男性たちのほとんどが、私の「質問」よりも自分の「答え」に夢中だった。基本、言いたいことしか言わない。「シミュレーション」について聞いただけで説明される。〇年のW杯の△△という選手のシミュレーションはどうこう、サッカー理論的には云々かんぬん。得意げな彼らを前に、私は膝を打った。聞きたいことの答えは一向にわからなかったが、この章の一番の肝はわかった、と。対等とみなされず、あなたのための私、にされる、この蝕まれる感じ。なるほど。これは不愉快だし、明らかにおかしい。

本作には、マンスプレイニングを見越してサッカー好きの女子が独自のスルー法を会得していることも紹介される。だが、サッカー選手のキャプテンは決して逃げない。著者の言葉を借りれば「サッカーしてるのってどんな連中だっけ？　突然水をかけられたら喜んで浴びに行く、もっというと、そういうのが大好きな連中ですぜ。暑ければお互いバケツの水をかけあい、雨の日は自分から濡れにきてサッカーやってる連中ですぜ」なのだ。キャプテンは正々堂々、実に優雅に、豪快に、男たちのマンスプレイニングの口をプレーで塞ぐ。面倒なことから逃げず正面から突破しようとする勇気と、勝利を裏打ちする実力に、読みながら胸が震える。そう、この本は目の前にたちはだかった壁に、持てるすべてを注いでぶつかっていくプロセスが描かれている。

著者のキム・ホンビは三十代。本書がデビュー作だ。会社員の傍らサッカーをするうちにサッカー愛が止まらなくなり、SNS上にサッカー・ダイアリーを掲載。それがある編集者の目にとまって一冊の本となった。お気づきの方もいるかもしれないが、ペンネームの「ホンビ」はイギリスの作家であり『ぼくのプレミア・ライフ』というサッカーエッセイでも有名なニック・ホーンビィから取られている。筋金入りである。

一方で、本名、顔写真、経歴は非公開。現在もサッカーチームに所属してサッカーを続けているから、チームメイトのプライバシーを守る上でも当然かもしれない。著者もメディアの質問にそう答えている。だが、翻訳中たまたま会った韓国の出版関係者のこんな言葉が忘れられない。「韓国で女性がサッカーの本出すって、それだけですごい勇気なんですよ。男性はサッカーを自分たちだけのものだと思っていますから。もし顔写真を出したら中身より先にルックスを叩いてくる。美人か、美人じゃないか。美人ならサッカーしてないで別なことしろ、美人でなければ、だからサッカーしかすることがないんだろ、と。どちらにしろ、写真を公開していいことなんてひとつもない。賢明な判断ですよ」。

女性を鑑賞物としかみない「観客」を前に発表されたこの作品それ自体が、コースを見極めて放たれた貴重なシュートだと言える。

サッカーに本腰を入れれば入れるほど、著者は自分の体と向き合わざるを得なくなっていく。そうしたくなるのだ。すると日に焼け、擦り傷ができ、ふくらはぎに力こぶが目立ってくる。筋肉増強に努めれば体重は増える。つまり、上手になりたければ、それまで自分が重要だと思ってきたもの＝色白、ほっそりしたふくらはぎ、一定以下の体重、の見直しを迫られるのである。そして著者は思う。これまで「こうありたい」と思っていたのは、はたして自分のオリジナルの欲望だったのかと。

社会通念上の欲望、長い間習慣みたいになっていて、誰が欲しているのかさえよくわからなくなってしまっている欲望。そんなものより、自分がはっきり欲しいと思い、自分が欲しているいることが確かな何かを、私はサッカーとのマンツーマンのなかで新たに見つけつつある。そのことが、とても面白い。（「マンツーマンディフェンス」より）

冒頭にも紹介した通り、現在韓国の出版物では「女と身体」が一つのテーマとなっている。その背景のひとつにあげられるのは、韓国フェミニズムの「脱コルセット」運動だ。「脱コルセット」は二〇一六年からオンライン上でフェミニストたちが使い始めた言葉である。化粧、スカート、ハイヒール、脱毛など、社会が「女性はかくあるべき」としているものを「コルセット」とし、それを脱ぎ捨てて二度と身につけないこと。誰かに禁じられるわけではない。本当に好きで選んでいるのかを自ら問い直すことに、まず大きな意味がある。

コルセットが一番邪魔になるのは、身体を動かすときだろう。サッカーというスポーツで、自身の身体を動かしながら著者が感じる窮屈さは、改めて私たちにコルセットの存在を気づかせてくれる。

脱コルセットだけではない。多くの章に登場する、同じ女子アマチュアチーム「FCペニー」の存在。あるときはライバル、またあるときは最大の理解者のこのチームが登場するとき、物語は豊かなふくらみをみせる。チームは違っても、サッカーが好きでたまらないのは同じ。それぞれの人生は違っても、なんとかサッカーをしようと日常をやりくりしているのは同じ。違うけれど、同じ。違いを違いと認めながら連帯する女性たちの姿も見えてくる。

スポーツを通して描かれる、マンスプレイニング、脱コルセット、連帯。もうおわかりだろう。本書はサッカーエッセイであり、フェミニズムエッセイでもある。あるコラムニストは本書について、「今出ているフェミ系エッセイを十冊読むより、本書を一冊読めば十分」とまで言っていた。エピローグ「傾いたサッカー場で」には、著者とチームメイトたちがピッチの上でたどり着いたフェミニズムが凝縮されている。

原書には『フィフティ・ピープル』(斎藤真理子訳、亜紀書房)などで日本でも人気の高い作家、チョン・セランが推薦のことばを寄せている。少し長いが引用したい。

それがどんな対象であれ、本腰を入れて愛するという行為は美しい。結果を計算せず、持てるすべてを出しきって体当たりするその行為は、ときに分厚い壁に亀裂を作り、亀裂は開かれた門になる。だから、このエッセイはひたすらサッカーについて書かれていると同時に、サッカーを比喩にして女の丸ごとの体、丸ごとの人生、丸ごとの世界をつづっているのだ。著者がサッカーテクニックを一つ一つ身につけていくとき、一段ごとに成長を重ねていくとき、それまで知らなかった未知の領域が押し開かれ、読む者の心にも激しい地殻変動が起きる。走りたい、強くなりたい、許されていなかったものを手に入れたい。

著者と一緒に分厚い壁に立ち向かい、壁に走った亀裂を確かめるとき、本書は、私たちの物語になる。

昨年の秋に負傷して、著者はしばらくサッカーができなかったという。年明けにようやく復帰したところで、新型コロナウイルスの感染拡大となった。この訳者あとがきを書いている現時点でも、感染症の恐怖は消え去っていない。著者の所属するチームも実質的には無期限休止状態だという。サッカーを愛する人が思い切りプレーできる日が一日も早く訪れることを、著者とともに祈りたい。

最後に、熱く、丁寧に編集してくださった白水社の杉本貴美代さん、翻訳チェックをしてくださったすんみさん、鄭眞愛さん、承賢珠さん、白水社の堀田真さん、そして、サッカー知識ゼロだった訳者に丁寧に、ときに煩わしいほど丁寧に、サッカー知識を授けてくださった家族友人知人の皆様に、この場を借りてお礼申し上げます。

小山内園子

二〇二〇年六月

［訳者略歴］
小山内園子（おさない・そのこ）
1969年、青森県生まれ。東北大学教育学部卒業。
NHK報道局ディレクターを経て、延世大学などで韓国語を学ぶ。訳書に、姜仁淑『韓国の自然主義文学』（クオン）、キム・シンフェ『ぼのぼのみたいに生きられたらいいのに』（竹書房）、チョン・ソンテ『遠足』（クオン）、ク・ビョンモ『四隣人の食卓』（書肆侃侃房）、イ・ミンギョン『私たちにはことばが必要だ　フェミニストは黙らない』（共訳・タバブックス）がある。

女の答えはピッチにある
女子サッカーが私に教えてくれたこと

2020年 7月15日　印刷
2020年 8月10日　発行

著者　キム・ホンビ
訳者　© 小山内園子
発行者　及川直志
発行所　株式会社白水社
〒101-0052
東京都千代田区神田小川町 3-24
電話　営業部　03-3291-7811
　　　編集部　03-3291-7821
振替　00190-5-33228
www.hakusuisha.co.jp
印刷・製本　図書印刷株式会社

乱丁・落丁本は，送料小社負担にてお取り替えいたします．
ISBN978-4-560-09777-9
Printed in Japan